Impressum

E-Commerce für Fortgeschrittene - 50 Denkanstöße für den
Online-Handel von morgen

Jochen Krisch, Sascha R. Rowold

2. Auflage, Mai 2011

Druck und Verlag: epubli GmbH, Berlin,
www.epubli.de

ISBN 978-3-8442-0402-5

Jochen Krisch
Sascha R. Rowold

E-Commerce für Fortgeschrittene

50 Denkanstöße für den Online-Handel von morgen

exciting future edition

INHALTSVERZEICHNIS

VORWORT

Der Online-Handel beginnt, den Kinderschuhen zu entwachsen und fächert sich konzeptionell immer weiter auf. Neben den geläufigen Shop- und Katalogmodellen sind in den vergangenen Jahren vermehrt neue Geschäftsmodelle für den E-Commerce entstanden.

Sie laufen in der Branche unter Schlagwörtern wie Live Shopping Events, Shoppingclubs, Crowdsourcing oder Social Shopping Anwendungen. Und sie bieten dem (Online-)Handel vollkommen neue Perspektiven, um nicht mehr nur schnell und günstig Produkte an den Mann/die Frau zu bringen, sondern die Kundschaft mit attraktiven Aktionen und Angeboten dauerhaft zu fesseln.

Obwohl diese Entwicklungen noch weitgehend am Anfang stehen, verdeutlichen wachstumsstarke Vertreter der neuen E-Commerce-Generation, wie Vente-Privée, Woot!, Etsy, Polyvore, Groupon oder Lockerz, schon sehr eindrucksvoll die Potenziale dieser Geschäftsmodelle.

Die neuen Händler begreifen das Internet ebenso wie das Social Web um Facebook oder das mobile Web weniger als zusätzliche Absatzkanäle für ihre Produkte sondern als neue Medien, die sich gekonnt für unterhaltsame Verkaufskonzepte und interaktivere Shoppingformate nutzen lassen.

Bei Exciting Commerce (www.excitingcommerce.de) begleiten wir diese Entwicklungen seit 2005 mit täglichen Blogbeiträgen unter dem Leitmotiv „The Exciting Future of E-Commerce".

Seit Anfang 2009 widmet sich zudem die zweiwöchentliche Kolumne „E-Commerce für Fortgeschrittene" in der Fachzeitschrift Internetworld Business den spannendsten Aspekten dieser Entwicklung.

Das vorliegende Buch vereint erstmals eine Auswahl der besten Internetworld-Kolumnen seit 2009 als „50 Denkanstöße für den Online-Handel von morgen". Sämtliche Texte finden sich hier in der ungekürzten Originalfassung wieder.

Für uns waren die dynamischen, neuen Entwicklungen im E-Commerce-Markt 2010 der Anlass, die Exciting Future GmbH für E-Commerce zu gründen, eine Beratungs- und Beteiligungsgesellschaft, die sich auf neue Geschäftsmodelle und die damit entstehenden neuen E-Commerce-Segmente fokussiert.

Thematisch decken die „50 Denkanstöße" das volle Exciting Commerce Spektrum ab und gehen auf neue Geschäftsmodelle ebenso ein wie auf die Entwicklung neuer E-Commerce-Märkte auf Basis neuer Technologien und sozialer Innovationen.

Wir wünschen allen Leserinnen und Lesern eine anregende Lektüre!

München, im Mai 2011   Jochen Krisch, Sascha R. Rowold

DIE GRÖSSTEN REGELBRECHER

Wer sich immer nur einfach an die Regeln hält, der ist auch im E-Commerce bestenfalls Mittelmaß. Wie gut es ist, die Regeln der Etablierten selbstbewusst einfach zu brechen, zeigt Vente-Privée. Mit angepeilten 600 Millionen Euro Umsatz für 2009 und 900 Mitarbeitern ist der Shoppingclub nicht nur einer der größten Regelverletzer, sondern auch einer der erfolgreichsten und profitabelsten Onlineshops auf der Welt.

Während die meisten Webhändler glauben, ohne Neukundenakquise über Google nicht überleben zu können und daher irrsinnige Summen in SEO/SEM-Maßnahmen stecken, lässt Vente-Privée Google links liegen und ist trotzdem mit täglich über einer Million Besuchern eine der trafficstärksten Shoppingseiten der Welt.

Während E-Commerce-Experten möglichst kurze Lieferzeiten als wichtiges Erfolgsmantra predigen, verzeichnet Vente-Privée trotz Lieferzeiten von über vier Wochen Wiederbestellraten, von denen andere Shops nur träumen können.

Seufzen andere Modeshops über horrende Retourenquoten, freut sich Vente-Privée über Rücksendequoten im niedrigen einstelligen Bereich – obwohl die Franzosen vor allem mit retourenanfälligen Modeartikeln handeln.

Wer also sagt, dass ohne Google nichts geht im E-Commerce, dass man schnell liefern und im Modebereich mit hohen Retourenquoten rechnen muss?

Vente-Privée ist erfolgreich, weil das Unternehmen anders handelt als die anderen und vom Einkauf bis zur Versandabwicklung sämtliche Prozesse konsequent darauf getrimmt hat.

Selbst die eigene Zielgruppe haben die Franzosen anders definiert als jeder andere Webshop: Dem eigenen Selbstverständnis nach ist Vente-Privée nämlich kein E-Commerce-Angebot, sondern ein Dienstleister für Marken und Brands: "Wir sind kein Club für die Kunden, sondern ein Club für die Marken", sagt Vente-Privée-Gründer Jacques-Antoine Granjon. "Wir schützen die Marken."

Und doch ist Vente-Privée auch das Shoppingerlebnis seiner Kunden heilig. Kaum eine E-Commerce-Plattform verwendet ähnlich viel Mühe und Engagement auf die Erstellung der einzelnen Unter- und Detailseiten wie das französische E-Commerce-Vorzeigeunternehmen, das diese quasi täglich neu gestaltet.

Auch würde das Unternehmen niemals Cross-Selling-Aktionen fahren und seine Nutzer, wie Amazon, mit Empfehlungen quälen. Es würde seine Adressen nicht weitergeben und die eigene Seite auf gar keinen Fall über und über mit Werbung zupflastern.

Vente-Privée ist nicht das einzige E-Commerce-Unternehmen, das groß wird, weil es konsequent anders ist. Auf ihre Weise sind auch Tchibo, Woot, Threadless, Zappos, Asos und Notebooksbilliger groß und erfolgreich geworden, weil sie sich – aus gutem Grund – nicht an die Regeln halten.

FRISCHE IMPULSE FÜR DEN ONLINE-HANDEL

Im Onlinehandel war 2008 ein bemerkenswerter Sinneswandel spürbar. Denn auch Händler, die bisher kaum versucht waren, gezielt mit ihrem Warenangebot zu spielen, bewegten sich und brachten mehr und mehr Dynamik in ihr Sortiment.

Mehr als ein Dutzend Shoppingclubs und weit mehr als 50 Liveshopping-Dienste waren die Folge. Neben Start-ups wie Brands4Friends oder Guut.de sind auch viele etablierte (Online-)Händler wie Ebrosia, Alternate ("Zackzack!") und Quelle ("Q des Tages") in den Aktionsverkauf eingestiegen – mit zum Teil beeindruckenden Zahlen.

Hinzu kommen die Experimente der Medienhäuser mit alternativen Erlösströmen – allen voran die "Süddeutsche Zeitung" mit dem Süddeutsche.de-Kaufdown sowie die "Speedshopping"-Tests von Autobild und Sportbild.

Was viele immer noch verkennen: Händler werden online zu Mediendiensten. Sie müssen Onlinenutzer medienadäquat ansprechen und dauerhaft begeistern.

Nur wenigen gelingt dies heute schon. Entsprechend ist die Wiederbestellquote die Achillesferse vieler Onlineshops. Unter anderem deshalb werden wir künftig auch online zunehmend mehr Entertainment-Formate und Shops mit Entertainment-Elementen sehen.

Wenn dies dem klassischen Handel nicht gelingt, werden die Powerseller einspringen. Denn spätestens seit sich diese bei eBay nicht mehr wohlfühlen, sind sie auf der Suche nach alternativen Absatzkanälen und engagieren sich schon heute stark als Lieferanten oder Seitenbetreiber im Liveshopping-Bereich.

Seit dem Sommer 2008 veranstaltet Exciting Commerce regelmäßig die Live Shopping Days.

Dort treffen sich Verkäufer mit Lieferanten und Startups mit, um über neue Konzepte und Kooperationsmöglichkeiten zu diskutieren.

2011 fanden die 5. Live Shopping Days am 21. und 22. März in Berlin statt. Die nächsten Live Shopping Days sind für März 2012 geplant.

FIT FÜR DIE MOBILE VIELFALT

Vom Jamba-Klingelton-Abo über mobile Spieleanwendungen bis hin zur digitalen Bibliothek für den Amazon Kindle – Mobile Commerce kennt viele Gesichter. Allein Sony bietet inzwischen eine Fülle mobiler Endgeräte an: Neben Handys, Digitalkameras, digitalen Bilderrahmen, MP3-Playern, Navigationsgeräten und der PSP-Konsole soll ab März 2009 auch ein eReader für E-Commerce-Umsätze sorgen.

In den letzten Jahren hat sich der Markt für Mobilgeräte enorm entwickelt: Neben trendigen Lifestylegeräten wie dem iPod für Musik und Videos, dem iPhone oder den eeePC Netbooks von Asus gibt es mittlerweile eine Fülle von speziellen Geräten zum Spielen, Lesen, Hören oder Navigieren, ganz zu schweigen von kultigen Exoten wie dem Chumby Internet Device (www.chumby.com). Allesamt sind potenzielle Plattformen für mobile Shoppingkonzepte.

Man muss kein Prophet sein: Für jede mobile Plattform werden sehr spezifische Verkaufskonzepte entstehen – und für traditionelle Versender, die auf allen Hochzeiten tanzen wollen, wird es zunehmend schwieriger, mit Diensten mitzuhalten, die sich explizit auf eine Plattform spezialisiert haben.

Dem Handel bleiben also prinzipiell zwei Möglichkeiten, sich auf die mobile Vielfalt einzustellen: Entweder es gelingt ihm, universelle Verkaufskonzepte zu (er)finden, die auf möglichst vielen Plattformen funktionieren (Liveshopping Events wären ein gutes Beispiel dafür). Oder aber er konzentriert sich auf einige wenige zukunftsträchtige Plattformen und entwickelt sehr spezielle Shopping-Anwendungen dafür, die ganz auf die technologischen Eigenheiten (Bildschirmgröße, Grad der Vernetzbarkeit etc.) des entsprechenden mobilen Geräts zugeschnitten sind.

Noch hängt sich der Handel vor allem an bestehende Plattformen an, sei es das iPhone oder das Handy. Eine denkbare Alternative wäre aber auch ein speziell designtes, mobiles Shoppinggerät. Wie auch immer der "Shopman" oder das "Shopgirl" dann aussehen mag – vielleicht eine Mischung aus Barcode-Scanner und persönlichem Shopping Guide. Zumindest eines zeigt die Entwicklung der letzten Jahre ganz deutlich: Der Traum vom ultimativen mobilen Gerät scheint ausgeträumt. Die Welt divergiert auch in diesem Bereich. Und es wird sich zeigen, welche Geräte sich durchsetzen werden. Wohl denen, die heute schon wissen, wie wir in Zukunft mobil einkaufen werden.

ZUSATZERLÖSE FÜR ONLINE-HÄNDLER

Ein Trend aus den USA hält auch hierzulande Einzug. Vor allem die großen Onlineversender beginnen, ihre trafficstarken Websites gezielter zu vermarkten und sich so zusätzliche Erlösströme zu erschließen. Amazon hat inzwischen eine eigene Vermarktungsabteilung und verkauft Werbeplätze auf der Hauptseite ebenso wie auf den Unterseiten. Auch eBay hat im vergangenen Jahr ein entsprechendes Programm aufgelegt.

In den USA war der (Elektronik-)Versender Buy.com einer der ersten, der in seinen Onlineshop einen kompletten Preisvergleich integriert hat – mit dem Argument "Wenn ein Kunde schon nicht bei uns kauft, dann lasst uns wenigstens von den Clickouts und/oder möglichen Provisionserlösen profitieren!" War Werbung auf E-Commerce-Seiten lange verpönt, so finden sich inzwischen auch auf den Seiten kleinerer Onlineshops zunehmend Google-Adsense-Anzeigen.

Innerlich sträuben sich zwar noch viele Händler, ihre Kundschaft mit Werbeangeboten an die mehr oder weniger direkte Konkurrenz zu verweisen. Doch zu verlockend sind oftmals die Zusatzeinnahmen, gerade in margenschwachen Produktkategorien. Diejenigen, die sich mit Werbung als alternativer Erlösquelle angefreundet haben, verfolgen prinzipiell zwei Strategien: Die meisten sind versucht, im ersten Schritt eine möglichst weitgehende Kontrolle zu behalten. Sie schicken ihre Kunden gezielt an befreundete Shops oder Partnerseiten mit komplementären Sortimenten. Neue Services wie Shoptrex oder Deal United helfen bei der Vermittlung und Anbindung potenzieller Partnerseiten. Sie setzen an ganz unterschiedlichen Punkten an – während der Informations- und Einkaufsphase, an der Kasse oder gezielt in dem Moment, wenn ein Nutzer die Seite unverrichteter Dinge verlassen möchte.

Noch sehr wenige Händler gehen wie Amazon & Co. den zweiten Weg und setzen auf eine starke Monetarisierung des (Google-)Traffics. Ziel ist es hier, Stammkunden möglichst unbehelligt einkaufen zu lassen und stattdessen an Surfern und Gelegenheitskunden auf Informationssuche zu verdienen und diese auf seitenfremde Angebote zu locken.

Auch wenn Werbung hilft, die zunehmend schwache Margensituation auszugleichen – einen unbestrittenen Nachteil hat Werbung natürlich immer: Sie lenkt den Kunden vom eigentlichen Kaufprozess ab. Und ist deshalb in jedem Fall für Webshopbetreiber eine Herausforderung in Sachen Shopoptimierung und Usability.

SHOPPINGSYSTEME MIT ZUKUNFT

Ein Shopsystem muss das Geschäftsmodell eines Online-Händlers optimal abbilden – und nicht umgekehrt.

Heutige Shoppingsysteme haben hier Nachholbedarf. Ein Standardshop nutzt den Marktführern Amazon und Ebay genauso wenig wie der zunehmenden Zahl von (Aktions-)Händlern in den Live-, Event- und Social Shopping Segmenten.

Dort wo Shopbetreiber auf einzigartige Geschäftsmodelle setzen, wird die Shoppinglösung zum wesentlichen Differenzierungs-faktor.

Die Mehrheit der Shopsysteme basiert aber gedanklich noch auf einem traditionellen Katalogmodell – mit saisonal wechselnden Sortimenten und weitgehend stabilen Preisen. Entsprechend beliebt sind diese bei Katalogversendern sowie E-Commerce-Einsteigern, die den Online-Kanal vorwiegend als weiterer Absatzkanal für ihr bestehendes Geschäft nutzen möchten.

Was aber, wenn der Online-Erfolg weniger von der Fülle der gleichzeitig vorgehaltenen Artikel abhängt, sondern vor allem von der Reaktionsschnelligkeit, wenn schnell drehende Postenware, hohe Bildmengen, flexible Preise und der schnelle Abverkauf hoher Stückzahlen heutige Shopsysteme an den Rand ihrer konzeptionellen Möglichkeiten bringen? Einiges lässt sich mit Zusatzmodulen auffangen, aber nicht alles.

Bei den Live Shopping Days beschrieben im Februar 2009 führende Anbieter wie iBOOD, Guut, Brands4Friends oder BuyVIP, wie sie notgedrungen auf selbst entwickelte Shopping-systeme ausweichen müssen. Brands4Friends hatte es beim Start mit einer Standardlösung versucht, musste aber schnell erkennen, dass auf eine Sonderanpassung (Warenkorbentleerung spätestens nach 25 Minuten) die nächste (Wartelistenfunktionalität, etc.)

folgte - und es sich irgendwann lohnte, für Shopsystem und Warenwirtschaft auf spezialisierte Lösung zu setzen, die dann inhouse entwickelt wurden.

Nicht nur die nächste E-Commerce-Generation ist es, die sich von Standardlösungen abwendet. Fast alle großen E-Commerce-Aufsteiger der letzten Jahre verdanken ihren Erfolg auch spezialisierten Shoppinglösungen. Notebooksbilliger, mit rund 275 Mio. Euro Umsatz 2008 einer der zehn umsatzstärksten Online-Händler hierzulande, hat mit einem einfachen Open Source System begonnen, dieses dann aber im Lauf der Jahre so stark aufgebohrt, dass er inzwischen von einer Eigenentwicklung sprechen würde.

Auch Bücher.de, Spreadshirt & Co. nutzen spezielle Systeme. Während sich die Geschäftsmodelle im E-Commerce in den letzten Jahren stark weiterentwickelt haben, scheinen die marktgängigen Shopsysteme auf der Stelle zu treten.

BETRIEBSBLIND FÜR NEUE GESCHÄFTSMODELLE

Wie offen sind eigentlich die Manager etablierter Unternehmen für neue Geschäftsmodelle in ihren Kerngeschäften? Diese Frage warf kürzlich Musikmanager Tim Renner auf. Seine These: Der Wechsel vom analogen zum digitalen Medienträger bringe immer auch einen Wechsel des Geschäftsmodells mit sich. Darauf gelte es sich einzustellen.

Und doch wiederhole Branche für Branche die Fehler der Musikindustrie. Aktuell die Medienbranche: Statt online auf neue, dem Online-Medium adäquate Modelle zu setzen, übertrage man einfach nur die alten Geschäftsmodelle auf das Internet und wundere sich dann über „lousy pennies".

Nicht anders im E-Commerce. Auch hier sind die Alteingesessenen online noch sehr stark vom Denken in analogen Konzepten geprägt: Man nehme seinen Shop oder Katalog und „stelle ihn ins Internet". Dabei sind Shops und Kataloge online längst nicht mehr das Maß aller Dinge, sondern nur eine von vielen Alternativen. Ausgeblendet werden oft die Hunderte alternativer Geschäftsmodelle, die in den letzten Jahren entstanden sind und mit denen kleine wie große Händler schon heute erfolgreich E-Commerce treiben.

A Better Tomorrow verkauft limitierte T-Shirt-Editionen, die von den Nutzern ausgewählt und gestaltet werden; Vente-Privée hat mit seinen Abverkaufsaktionen den ewigen Schlussverkauf populär gemacht. Blacksocks vertreibt erfolgreich Sockenabos – und Personello macht mit personalisierten Produkten Umsätze von 2,5 Mio. Euro.

Zumeist sind es denn auch nicht die Etablierten, die online experimentieren und dem Versandhandel mit neuen Geschäftsmodellen neue Impulse geben, sondern Startups und branchenfremde Unternehmer: Spreadshirt, PersonalNovel,

MyMüsli sind weitere Beispiele. Eigentlich kein Wunder, dass auch die Marktführer Amazon und Ebay nicht aus der Branche kommen.

Interessanterweise finden gefühlte 99% der neuen Geschäfts-modelle in der öffentlichen Wahrnehmung keine größere Beachtung, obwohl viele inzwischen sehr erfolgreich und profitabel arbeiten. Doch die Manager etablierter Unternehmen denken anders und überlegen immer zuerst, wie sie ihr bestehen-des Geschäftsmodell in die digitale Zeit retten können.

Wenn also ein Media Markt nun wieder mit dem Gedanken spielt, E-Commerce zu treiben, dann ist in den Ankündigungen sehr viel die Rede von One-Stop-Shopping, von Synergie-Effekten, etc – und weniger davon, wie denn das optimale Geschäftsmodell für einen Elektronikversender aussehen müsste.

DIE MAUERBLÜMCHEN DES E-COMMERCE

Es gibt Geschäftsmodelle im erweiterten E-Commerce-Umfeld, die sich immer noch erstaunlich schwer tun, obwohl sie grundsätzlich auch nicht wesentlich komplexer scheinen als die Modelle von Ebay & Co. Online-Pfandhäuser sind ein typisches Beispiele dafür.

Trotz einiger Anläufe konnte sich die Pfandleihe online nie durchsetzen. Vielleicht auch weil es antizyklische Geschäftsmodelle generell schwer haben. In guten Zeiten scheinen sie wenig lukrativ - und in schlechten Zeiten fehlt potenziellen Investoren das Geld zur Finanzierung.

Entsprechend zählen Pfandleiher wie Borro in England oder Pfandy eher zu den Mauerblümchen des Internet. Zu den wenigen Fürsprechern zählt Andreas Haug, Managing Director bei eVenture Capital Partners, dem VC-Arm des Otto-Konzerns. Er glaubt an alternative Zahlungsmethoden im E-Commerce und räumte kürzlich im Interview mit dem Kassenzone-Blog speziell auch „Barter-Modellen oder Pfandhausmodellen sehr gute Chancen ein".

Was bereits deutlich mehr Anklang findet, ist die Inzahlungnahme von gebrauchten Produkten, speziell Spielen, iPods oder Spielekonsolen. Das Berliner Startup Trade-a-Game hat im letzten Jahr Produkte im Wert von mehreren Millionen Euro angekauft und will den Umsatz in diesem Jahr auf über 10 Mio. Euro verdoppeln. Es will seinen Gebrauchtwarenmarkt unter dem Label ReCommerce stark ausbauen und sieht sich in seiner Ausrichtung bestärkt, seit Amazon Anfang März in den USA ebenfalls begonnen hat, gebrauchte Spiele in Zahlung zu nehmen.

Gebrauchtwarenmärkte wie Trade-a-Game appellieren an das soziale Gewissen und versuchen sich, als umweltschonende Alternative zur Wegwerfgesellschaft zu positionieren.

Neben dem Gamingbereich haben sich Zweitmärkte vor allem im Kunstbereich etabliert. Auch Schmuck ist im Kommen. Bei RedSwan können die Nutzer ihren alten Schmuck zu Geld machen und die Erlöse zum Beispiel für wohltätige Zwecke spenden.

Doch während Experten schon seit längerem einen Trend zu temporärem Besitz sehen, werden nicht alle vermeintlich guten Ideen in diesem Bereich zum erhofften Erfolg.

Zu einem der größten Investmentflops der letzten Jahre haben sich die Ebay Dropshops entwickelt. Sowohl Auctiondrop in den USA als auch der deutsche Nachahmer Dropshop sind wieder vom Markt verschwunden. Vielleicht war aber auch nur das Timing schlecht und auch diese Idee kehrt in abgewandelter Form zurück.

MACHT SICH EBAY SELBER ÜBERFLÜSSIG?

Ebay macht derzeit offenbar genau das Richtige. Nämlich das, was jeder MBA-geschulte Unternehmensberater empfehlen würde: Da das Geschäft mit fixen Preisen boomt und zunehmend mehr Kunden ihre Ware sofort kaufen, forciert Ebay diesen Geschäftszweig und versucht seine Plattform in diese Richtung zu trimmen.

Aber lassen die Ebay-Strategen damit nicht einen maßgeblichen Treiber und Erfolgsfaktor außer Acht? Lag Ebays Kernkompetenz bisher nicht darin, einen offenen Marktplatz zu betreiben, auf dem es möglichst fair zugeht und alle Beteiligten auf ihre Kosten kommen?

Ebay stellt die Plattform bereit, und eine Vielzahl motivierter Händler und Verkäufer sorgt für gute Geschäfte. Damit hat sich Ebay trotz der unvermeidlichen Konflikte eine enorme Kompetenz aufgebaut – und ist zum weltweit wichtigsten E-Commerce-Player aufgestiegen, ganz ohne eigene Handelskompetenz und Verkaufserfahrung.

Das soll nun anders werden. Ebay will viel stärker selber eingreifen. Der offene Marktplatz soll zum „managed marketplace" werden: „Wir schaffen das ‚neue eBay' und haben das Zeug, im riesigen Markt für Gebrauchtwaren und Restposten („Secondary Market") zu gewinnen", lautete die Parole auf der Hauptversammlung Ende April.

Ebay hat es schon einmal mit einem „managed marketplace" versucht – und ist mit Ebay Express kläglich gescheitert.

Der damalige Projektleiter analysierte später in seinem Blog: „Es mag für viele schwer vorstellbar sein, wie unglaublich unterentwickelt bei Ebay zu dieser Zeit das Wissen über die Grundlagen von Einkauf, Sortiments- und Preisgestaltung, Logistik und

Promotion war. Über 10 Millionen Produkte zu haben ist das eine. Es hilft aber wenig, wenn man nicht das richtige Produkt zur richtigen Zeit hat."

Genau vor dieser Herausforderung steht eBay nun erneut. eBay steigt als Nicht-Händler in den Ring mit gestandenen Online-Händlern wie Amazon oder Vente-Privée. Mit absehbaren Folgen.

Denn was passiert, wenn Ebay die vielen kleinen Händler schrittweise verdrängt und gleichzeitig sein Marketingbudget eindampft, ließ sich in den letzten beiden Quartalen schon ganz gut beobachten. Die Kunden bleiben aus.

Ebay kämpft mit zweistelligen Einbrüchen bei den Händler-umsätzen, während sich Amazon über zweistellige Zuwächse freut. Währenddessen lacht sich der Online-Handel ins Fäustchen. Denn nachdem sich der Handel jahrelang an eBay die Zähne ausgebissen hat, scheint sich eBay nun zunehmend selber überflüssig zu machen.

REISEN ALS SOZIALE AKTIVITÄT

Was, wenn Hoteliers, Airlines und Destinationen lernen, sich und ihre Gästen besser zu vernetzen und das Web aktiver zur Kundenbindung zu nutzen? Welche Auswirkungen hätte das auf bestehende und auf neue Reisevermittler? Mit diesen und anderen Fragen befasste sich das IdeaCamp09, zu dem das Tourismuszukunft – Institut für eTourismus und Thomas Cook Mitte Mai 2009 sechzehn Online-Branchenvertreter nach Teneriffa eingeladen haben.

Nicht nur Google und HolidayCheck haben sich zu ernsthaften Wettbewerbern bei der Auswahl und Vermittlung von Reise-angeboten entwickelt. Vor allem die Fülle an frei zugänglichen Kundenmeinungen ist es, die die Veranstalter in Zugzwang bringt. Ließen sich in Reisebüros und Katalogen die Anbieter noch ganz gut vom Unmut der Gäste abschirmen, so trifft er sie inzwischen ebenso unvermutet wie ungefiltert online. Entsprechend viel Zeit verwendet das Team von Tourismuszukunft für die Aufklärung vor Ort. In Workshops und Schulungen versuchen sie, die Zielgebiete für die Problematik zu sensibilisieren und ihnen Wege aufzuzeigen, wie sie sich besser wappnen können.

Denn wie und wo gelangen Urlauber künftig an Ideen und Informationen für ihre Reise? Das bleibt eine der zentralen Fragen der Online-Touristik. Vor allem in kundennahen Bereichen, bei der Informationsbeschaffung sowie der Nutzeransprache setzt sich der Umbruch fort. Ist es heute Google, so könnten morgen Facebook oder Twitter die neuen Trafficschleusen sein.

Unübersehbar steigt die Vielfalt bei den Online-Angeboten. Neue Geschäftsmodelle eröffnen der Branche neue Perspektiven – ob mit neuartigen Vertriebsansätzen wie Voyage Privé oder Travelzoo oder neuen Aggregatoren, die die Fülle vorhandener Angebote kundengerecht vorfiltern und vermarkten. Mit pfiffigen

Applikationen wie "Where I've been" erreicht die Expedia-Tochter Tripadvisor neue Kundenkreise bei Facebook & Co.

Doch so gut es vor allem neuen Marktteilnehmern gelingt, Reiseangebote kundennäher zu präsentieren, so sehr dämpfen starre Buchungssysteme und uneinheitliche Datenstandards die Innovationsfreude und erlauben nur sehr eingeschränkt wirklich maßgeschneiderte Angebote.

Was auf dem IdeaCamp ebenfalls sehr deutlich wurde: Noch denkt und handelt die Reisebranche sehr produktbezogen. Dabei ist Reisen weit mehr als ein Such- und Buchungsprozess. Reisen ist eine soziale Aktivität. Und genau dieser zwischenmenschliche Aspekt kommt in der Präsentation und im Online-Vertrieb von Reiseangeboten noch viel zu kurz.

WO BLEIBT DIE GROSSE SOCIAL SHOPPING REVOLUTION?

Was ist mit dem Social Commerce los? Warum profitieren Social Shopping Seiten heute nicht schon annähernd so stark vom nutzergetriebenen Web wie Social Networks? Lassen sich die Erfolgsprinzipien von Wer-kennt-wen, Facebook & Co nicht auf den Handel übertragen? Prinzipiell sollte dies möglich sein, denn zumindest in der Musikszene ist die soziale Revolution längst im Gange. Nutzergetriebene Musikdienste wie last.fm machen längst vor, wie sich rund um Produkte erfolgreich soziale Shopping-angebote entwickeln lassen. Warum klappt hier bereits, was im traditionellen E-Commerce (noch) nicht funktioniert?

Generell legen fast alle Social Shopping Angebote – von den Vorreitern wie Edelight oder Smatch bis hin zu neueren Anbietern wie Produki – noch zu großes Augenmerk auf die Produktseite. Die Nutzerseite kommt dagegen zu kurz. Doch lebt das soziale Web nicht gerade von den Nutzeraktivitäten, von den zwischen-menschlichen Beziehungen und dem kontinuierlichen Austausch untereinander? Dies gälte es zu nähren und zu fördern. Doch trotz des Fokus auf Nutzerempfehlungen geschieht dies – gerade im Vergleich zu Social Networks – noch zu wenig.

Aber vielleicht ist das auch zu viel verlangt. Denn gerade der (Versand-)Handel ist die intensive Arbeit und den direkten Kontakt mit dem Kunden nicht gewohnt. (Online-)Händler lernen gerade erst wieder, auf ihre Kunden zuzugehen. Nachdem sich Weblogs für viele Händler als zu zeitaufwendig erwiesen haben, scheint sich der Microbloggingdienst Twitter zum perfekten Promo- und Verkaufstool zu entwickeln. Dort ist gerade zu erleben, wie Händler wieder zu echten Verkäufern werden, wie sie engagiert sich und ihre Ware präsentieren, sich mit Interessenten und Käufern vernetzen und diese auf Neuheiten und Sonderaktionen hinweisen.

Und auch wenn der große Durchbruch im Social Commerce noch auf sich warten lässt, so gibt es durchaus erste, erfolgversprechende Ansätze. So bilden Etsy und DaWanda als Plattformen für Handarbeiten und Selbstgemachtes derzeit das in jeder Hinsicht erfolgreichste Social Shopping Segment. Hier ist dann auch sehr gut zu beobachten, wie sich Käufer und Verkäufer intensiv austauschen und aktiv miteinander vernetzen und wie hohes Nutzerengagement zum Treiber einer Plattform werden kann.

WENN TRADITION NICHTS MEHR ZÄHLT

Mit der Insolvenz des Quelle-Versands gewinnt der Struktur-wandel im deutschen Versandhandel an Fahrt. Denn im Online-Handel herrscht weiter Goldgräberstimmung. Der E-Commerce hat dem Versandhandel einen ungeahnten Boom beschert und den Gesamtmarkt seit Mitte der 90er Jahre um 36% wachsen lassen – von 21 Mrd. Euro auf 28,6 Mrd. Euro (2008).

Nur die angestammten Versender konnten davon nicht profitieren, ganz im Gegenteil: Ihr Umsatzvolumen schrumpfte im selben Zeitraum von 21 Mrd. Euro auf 16,6 Mrd. Euro, und die Markt-anteile sinken beständig weiter - von 67% im Jahr 2006 auf 63% im Jahr 2007 auf zuletzt 58%.

Vor allem der Katalog hat sich zum Klotz am Bein entwickelt, der sämtliche Online-Bemühungen von Otto, Quelle & Co. zunichte macht. Zwar können sich die Katalogversender auf unzählige Multi-Channel-Studien berufen, die belegen, dass Kunden, die über mehrere Kanäle kaufen, die umsatzstärksten sind. Und wenn sie ihre Kunden fragen, möchte das Gros von ihnen das Internet auch weiterhin am liebsten ausgedruckt als Katalog nach Hause geschickt bekommen. Je öfter, desto besser. Doch rechnet sich soviel Kundenservice für die Versender zunehmend weniger.

Dabei ist das Festhalten am Katalog sicherlich nur ein Teil des Problems. Weitaus schwerer dürfte wiegen, dass die Traditions-marken online nichts mehr zählen. Zu diesem Ergebnis kommt ausgerechnet die Trendstudie „Webshopping 2009", die Quelle noch im Mai vor der Insolvenz herausgegeben hat.

Der zufolge legen zwar viele Online-Shopper beim Kauf Wert auf Sicherheit (25%) und auf die Seriosität (19,3%) des Anbieters. Erschreckend niedrig liegen allerdings die Werte für „Bekanntheit des Shopanbieters" (4,5%), „Identifikation mit der Marke" (2,8%) und „bestehende lange Bindung an den Shopbetreiber" (2,4%).

Für Quelle, Otto und Neckermann hat dies zur Folge, dass die angestammten Kunden online schneller bei der Konkurrenz kaufen als sie selber die Preise senken können. Es erklärt aber auch, warum kleine Anbieter immer noch so rasant nach oben kommen können. Oder wer hätte gedacht, dass sich binnen weniger Jahre ein 8 Mrd. Euro Markt für rein elektronische Versender bilden könnte, der neben Amazon und Ebay im wesentlichen von No-Name-Händlern wie Redcoon, Delticom oder Notebooksbilliger getrieben wird?

Für die drei großen Versandhäuser bedeutet dies. Ob mit oder ohne Katalog - auf Dauer kann maximal einer überleben. Es sei denn, es gelänge ihnen, die Vergangenheit über Bord zu werfen und sich online noch einmal komplett neu zu erfinden.

FASHION & FRIENDS

Schien E-Commerce bisher vor allem eine Pflichtübung und konzentrierte sich auf das optimale Darstellen, Suchen und Finden von Produkten, so beginnt nun die Kür: der Verkauf, die Inszenierung, die Inspiration. Im Modesegment tüfteln derzeit Dutzende von Marken, Händlern und Startups daran, den Modebummel auch online so attraktiv und ansprechend wie möglich zu gestalten.

In der Modebranche wird deutlicher denn je, wie vielfältig E-Commerce sein kann. Und welch vielfältigen Herausforderungen er sich stellen muss.

Da geht es zum einen darum, wie sich etablierte Modemarken – von S. Oliver bis Hugo Boss – sowie Modehändler – von Breuninger bis Wöhrl und Wormland – online präsentieren. Da geht es zum anderen darum, wie die Labels, die ja in der Regel über keine Versandkompetenz verfügen, ihre Mode online vertreiben können – ob mit auf Mode spezialisierten Fulfillment-Partnern oder mit Unterstützung etablierter Partner wie Yoox oder Herrenausstatter.de

Vor allen Dingen aber geht es um den Modeverkauf. Und hier können die Modelabels inzwischen aus dem Vollen schöpfen. Von visuellen Shoppingansätzen bei der Präsentation und der Suche über die Betonung des gemeinsamen Shoppingerlebnisses bis hin zu Live Shopping Events wird derzeit alles getestet, was das Kundenherz begehrt.

Neue Modeplattformen wie Empora, Stylefruits, Stylight oder in den USA Polyvore, Like.com und Pixazza sprießen aus dem Boden und bieten Modefans einen visuellen Einstieg in die Modewelt. Persönliche Shoppinghilfen wie MyBestBrands hierzulande oder iStorez in den USA helfen Markenfans, sich auf dem Laufenden zu halten.

Dazu versuchen Dutzende von Shoppingclubs, beliebte Marken möglichst exklusiv zu inszenieren und die Kunden mit günstigen Preisen zu locken. Allein hier reicht das Spektrum inzwischen von klassischen Shoppingclubs à la Brands4Friends und Vente-Privée bis hin zu Clubs wie Gilt Groupe oder Billion Dollar Babes in den USA, die sich eher auf den Abverkauf von Designerstücken fokussieren.

Von Schmuck, Taschen bis zu Kleidung und Schuhen – das Modesegment hat online noch großen Nachholbedarf. Im Versandhandel beträgt der Modehandel laut bvh rund 45%, im Internet hinkt er, obwohl schon seit ein, zwei Jahren einer der stärksten Wachstumstreiber, noch hinterher.

OPEN SOURCE IN NEUEM LICHT

Ungezählt die Online-Händler, die schon mit Open Source Systemen auf die Nase gefallen sind, weil sie dem Missverständnis aufgesessen sind, dass es sich bei Shopsystemen auf Open Source Basis um einfache und kostengünstige Einsteigerlösungen handelt.

Für Einsteiger gibt es jedoch weitaus probatere Lösungen, um sofort loszulegen: in der Regel Mietsysteme so unterschiedlicher Ausprägung wie die Strato-Shops von ePages, wie Shopify oder Tradoria. Damit lassen sich problemlos die knapp 20 Bestellungen pro Tag bewältigen, auf die das Gros der deutschen Shopbetreiber heute maximal kommt.

Open Source Lösungen zielen hingegen zunehmend auf erfahrene Online-Händler, die schon ziemlich genau wissen, was sie wollen, und die technischen Freiheiten und die Anpassbarkeit einer Open Source Software einer aufwendigen Neu- und/oder Eigenentwicklung vorziehen.

Wenn ein Händler wie Globetrotter, der zu den Pionieren im deutschen E-Commerce zählt und einer der großen Online-Versender hierzulande ist, beschließt, sich von seiner komplett inhouse entwickelten Shopsoftware zu trennen und ab 2010 auf das Open Source System von Magento umzusteigen, dann ist diese Entscheidung wohlkalkuliert.

Für Globetrotter zählt die freie Anpassbarkeit: „Wir wollten eine Lösung, die an den Erfolg unserer individuellen Lösung anknüpft und die von uns geforderten Alleinstellungsmerkmale unterstützt", sagt Thieß Rathjen, der den E-Commerce bei Globetrotter leitet, über den Wechsel.

Mit dem Aufkommen neuer Enterprise-tauglicher Lösungen, wie sie Magento oder auch Oxid inzwischen anbieten, hat der Open Source Markt auch im E-Commerce eine spezielle Dynamik erhalten. So zogen die Community-Events von Magento im Februar und Oxid im Juli schon bei der Premiere jeweils rund dreihundert Teilnehmer an, die intensiv über die Zukunft und die Potenziale der Systeme diskutierten.

Zwar halten Oxid-Chef Roland Fesenmayr immer noch einige für verrückt, dass er seine Software nun auch Open Source anbietet. Auf der Oxid Commons sah er es allerdings gelassen und freute sich über die positive Resonanz: „Jetzt wird endlich über unsere Technologie geredet. Und wir kommen in Pitches bei großen und größten Unternehmen, zu denen wir nicht eingeladen würden, wenn wir noch proprietärer Anbieter wären."

EBAY ALS OFFENE PLATTFORM

Einer der Grundgedanken des Web 2.0, das Internet als modularer Web-Baukasten, macht auch im E-Commerce langsam Fortschritte: Als erste Shoppingplattform öffnet sich Ebay im August 2009 für externe Dienste. Entwickler und Dienstleister können ihre Programme und Applikationen dann über den Ebay-App-Store vertreiben, den jeder Ebay-Händler auf seiner persönlichen Seite vorfindet.

Zwar arbeiten auch heute schon viele Powerseller mit extern entwickelten Tools, um Produkte einzustellen oder den Verkaufsprozess zu optimieren. Doch die neuen Verkaufstools lassen sich erstmals direkt auf den Ebay-Produktseiten einbetten. Das Anwendungsspektrum reicht also künftig von Anwendungen zur optimalen Produktpräsentation (Video, Animationen, etc.) über Tools für den interaktiven Kundensupport bis hin zu komplexen Bonus- und Empfehlungssystemen.

Denkbar sind auch aktive Verkaufstools (Counter, Ticker, Preisalarm, etc.), die den Kunden auch bei Festpreisangeboten stärker zum Kauf animieren. Erwünscht ist alles, was den Handel effizienter macht und das Geschäft ankurbelt. Ebay spricht von „Productivity Applications".

Ebays Open Platform nutzt den von Google vorangetriebenen Open Social Standard. Das heißt, sämtliche Anwendungen können als Google Gadgets auch auf Seiten außerhalb von Ebay platziert werden. Sofern ein Entwickler mit seiner Anwendung Geld verdient, will Ebay mit 20% an den Einnahmen beteiligt werden.

Seit Facebook 2007 erstmals kommerzielle Applikationen auf seinen Seiten erlaubt hat, hat sich das Modell vor allem im Social Web durchgesetzt. Social Apps sind inzwischen auf quasi allen führenden Social Networks zu finden. Zuletzt hat auch Xing die ersten Applikationen freigeschaltet.

Im Unterschied zu sozialen Applikationen, die sich an das persönliche Netzwerk des Nutzers wenden, handelt es sich bei den Ebay Apps allerdings noch um einfacher gestrickte, eher produktbezogene Widgets und Applikationen.

Doch selbst dies ist für den E-Commerce ein großer Schritt nach vorne. Denn wenn Händler bisher Widgets anboten, dann waren dies vor allem verkappte Werbemittel, die auf fremden Seiten zum Einsatz kamen. Auf die eigenen Seiten ließen Shoppinganbieter bisher kaum jemanden. Erst im Zuge der Werbevermarktung hielten die ersten Fremdanzeigen Einzug bei Amazon & Co.

In den kommenden Jahren dürfte der Vernetzungsgrad auch im Shoppingbereich noch zunehmen, spätestens dann, wenn nutzerorientierte Shoppinganwendungen die heute üblichen Anbieterseiten langsam überlagern und irgendwann auch ablösen.

WAS TREIBT DEN ELEKTRONISCHEN HANDEL?

Was ist eigentlich E-Commerce und was treibt den elektronischen Handel? Hierauf gibt es immer noch keine eindeutigen Antworten. Entsprechend lassen sich auch heute noch die konkreten Markt- und Innovationspotenziale in dem zweifelsohne stark wachsenden Markt nur sehr schwer abschätzen.

Vieles kommt auf die Sichtweise an: Der Bundesverband des deutschen Versandhandels bvh ließ bis 2005 nur die katalog- getriebenen E-Commerce-Umsätze (seiner Mitglieder) gelten. Erst seit 2006 werden auch die Umsätze der reinen Online-Händler, der Shoppingsender sowie der neuen Versender (Markenhersteller und Filialisten) erfasst. Ein Markttreiber wie Ebay fällt allerdings immer noch durchs bvh-Raster. Ebay-Umsätze tauchen in den bvh-Zahlen weiterhin nur zu einem Bruchteil auf.

Künftig möchte der bvh neben dem Warenversand auch die Umsätze digitaler Transaktionen ausweisen, die über Musik-downloads, eBooks, Reisen und andere Dienstleistungen erzielt werden – und nähert sich damit zunehmend der E-Commerce-Sichtweise der BITKOM und anderer Verbände an, die immer an möglichst hohen Umsatzwerten interessiert waren, um die Marktbedeutung und das Potenzial der digitalen Kanäle zu unterstreichen.

Aber auch das führt nur bedingt weiter. Damit werden zwar die Transaktionsvolumina deutlicher, die über die elektronischen Kanäle und Netzwerke laufen, es wird aber nicht wirklich klar, wo genau die Treiber für die Entwicklung liegen: Wobei handelt es sich lediglich um Umsatzverlagerungen – und wo entstehen wirklich neu(artig)e Märkte?

Das Problem liegt in der Datenerhebung. Denn allzu oft werden die Daten noch ganz traditionell nur nach Produkten, Kategorien und Vertriebskanälen abgefragt, um ein Gefühl für Marktverschiebungen und das Wachstum einzelner Kategorien zu bekommen. Detailliertere Einblicke sind so allerdings kaum möglich.

Denn die größten Marktimpulse gehen längst von neuen Geschäftsmodellen und Vertriebsformen aus, die die bekannten (Handels-)Raster sprengen. So wird der elektronische Handel immer noch gerne auf den Internetversand – und hier auf den klassischen Online-Shop reduziert.

Doch elektronischer Handel ist längst mehr als klassischer E-Commerce. Es zählen sämtliche elektronischen Vertriebsmodelle dazu – sei es der Vertrieb über TV, Handy, Kindle, Navi oder andere elektronische Geräte, sei es der Vertrieb von digitalen und zunehmend auch rein virtuellen Gütern, die in Facebook & Co. in zum Teil komplett neuen Währungen abgewickelt werden.

DER TREND ZU VIDEO-SHOWS

Spannend zu beobachten, wie Händler und Produktanbieter online zunehmend zu Mediendiensten werden. Viele setzen inzwischen Produktvideos ein. Zusehends mehr bauen aber auch auf eigens produzierte Videoshows, in denen sie sich und ihre Sortimente präsentieren.

Im Juli 2009 hat Deutschlands größter Online-Weinversand, das Hanseatische Wein & Sekt Kontor, mit TVino ein eigenständiges Videoangebot gestartet und für die Videoverkaufsshows den aus dem TV bekannten Sommelier Hendrik Thoma engagiert. Dieser plaudert seitdem zweimal pro Woche alleine oder mit Gästen über Weine aus dem Hause Hawesko.

Die Parfümerie Douglas ist schon seit mehr als drei Jahren mit einer wöchentlichen Webshow präsent und baut den Bereich weiter aus. Am 24. August hat Douglas ein Teleshopping-Format gestartet. Die Beauty- und Schmuck-Verkaufsshows werden im Fernsehen auf der Frequenz des Schmuckkanals und online unter Douglas.tv ausgestrahlt.

Der „Trendshop" StyleOn will seine neue Trendshow „im Format einer kurzweiligen und flippigen Jugendsendung präsentieren." Betreiber Tobias Spill experimentiert schon seit längerem mit Videoformaten: „Unsere Trendshow haben wir auf das Sehverhalten im Onlinebereich ausgerichtet und präsentieren die Trends entsprechend unterhaltsam."

Wie müssen Web-Shows aussehen? Welchen Standards müssen sie genügen? Noch merkt man vielen Shows an, dass die Macher hin- und hergerissen sind zwischen den „professionellen" Standards, wie man sie aus den Massenmedien kennt und den weitaus kantigeren Formaten aus Mikromedien wie Youtube, Viddler & Co.

Ganz auf Authentizität und die eigene Persönlichkeit setzt beispielsweise Markus Kobelt vom Schweizer Pflanzenversand Lubera, einer der wenigen, der als Händler und Pflanzenexperte selber vor die Kamera tritt. Auf seiner Videoseite Gartenvideo.com versucht er die Zuschauer persönlich anzusprechen und mit seiner Leidenschaft für Garten und Pflanzen zu begeistern. Mehrere Tausend Abrufe haben seine Shows inzwischen, die auch prägnant auf der Lubera-Homepage zu finden sind.

Während also die großen Händler immer noch sehr viel Wert auf professionell produzierte Videos legen und sehr markenkonform operieren, punkten kleinere Händler zunehmend mit Lowcost-Formaten und ihrer eigenen Persönlichkeit.

Was hierzulande noch wenige nutzen, sind Live-Webcasts zu festgelegten Zeiten, lehrt doch die Erfahrung beispielsweise aus dem TV, dass Live-Atmosphäre für sehr viel mehr Emotionalität und Authentizität sorgen kann, weil die Präsentatoren auf die Interessen, Stimmungen und Meinungen der Zuschauer eingehen können.

VOM WETTBEWERB DER GESCHÄFTSMODELLE

In der gerade auslaufenden ersten Welle des E-Commerce war die Sache noch relativ einfach und überschaubar. Da standen Shops und Kataloge Pate für die allermeisten Shopping-Angebote im Internet. Viele (Online-)Händler orientierten sich an dem, was sie kannten, an Kaufhäusern, Shoppingmalls und Einkaufspassagen, und übertrugen die altbewährten Konzepte und Geschäftsmodelle mehr oder weniger direkt aufs Internet.

Inzwischen deutet sich allerdings an, dass Kaufhäuser und Kataloge nicht nur offline zu kämpfen haben. Auch online sind sie mittelfristig nur bedingt geeignet, um dem Wettbewerbsdruck standzuhalten. Steigende Marketingaufwendungen und ein zunehmender Preiskampf drücken auf die Margen und machen ein profitables Geschäft für das Gros der Shopbetreiber zunehmend schwieriger.

Schon jetzt ist bei der Anzahl der Online-Besteller ein gewisses Maß der Sättigung erreicht. Der Online-Handel wächst nicht mehr quasi wie von alleine, da der Strom an neuen Internetnutzern stark abgenommen hat. Das Wachstum speist sich zunehmend durch das Stammkundengeschäft. Und hier können die vorherrschenden, traditionellen E-Commerce-Konzepte mit der Wachstumsdynamik agilerer und kundennäherer Online-Verkaufskonzepte nur schwerlich mithalten.

Vergleicht man zum Beispiel die Umsatzentwicklung von ASOS, einem klassischen Shop, und Vente-Privée, dem führenden Shoppingclub, miteinander – beides sehr erfolgreiche Modeversender, die zu einem ähnlichen Zeitpunkt gestartet sind – so erkannt man sehr deutlich, wie Vente-Privée ASOS in den letzten Jahren in fast allen Kennzahlen den Rang abgelaufen hat und schon heute Umsatzwerte und Wiederbestellraten erreicht, von denen ASOS nur träumen kann. Und das bei einer hohen Profitabilität.

Natürlich werden einige einwenden, dass man zwei so unterschiedliche Konzepte überhaupt nicht miteinander vergleichen kann. Doch genau darum wird es zunehmend gehen: Letztlich herrscht im Online-Markt ein Wettbewerb der Geschäftsmodelle: Ein Shop muss mit Ebay muss mit Vente-Privée muss mit einem Preisvergleich konkurrieren. Und so gut und sinnvoll Shop- und Katalogmodelle waren, um Kunden an das Internet heranzuführen und das Internet als Verkaufskanal zu etablieren, so groß ist nun die Herausforderung, Geschäftsmodelle zu (er)finden, die sich dem Wettbewerbsdruck entziehen und den etablierten Playern in der zweiten und dritten Welle des E-Commerce Paroli bieten können.

KOMPLEMENTÄRE GESCHÄFTSMODELLE

Online-Shops stehen nicht mehr nur im Wettbewerb mit anderen Online-Shops, sondern zunehmend auch mit anderen Online-Geschäftsmodellen (Shoppingclubs, etc.). Mit dieser Entwicklung - wie aus einem Wettbewerb zwischen Online-Shops zunehmend ein Wettbewerb unterschiedlicher Geschäftsmodelle wird - befasste sich die letzte Kolumne.

Während sich reine Internethändler noch ganz gut auf diese Entwicklung einstellen und ihr Geschäftsmodell ggf. anpassen können, tun sich Multi-Channel-Anbieter mit dieser Herausforderung weitaus schwerer. Denn sie agieren auf zwei komplett unterschiedlichen Märkten: Ihre angestammten Märkte - im Versandhandel ebenso wie im stationären Einzelhandel - stagnieren. Dort müssen sie um Marktanteile kämpfen und sich gegen bestehende Wettbewerber behaupten. Wohingegen der Online-Markt boomt. Hier geht es darum, forsch voran zu preschen und mit attraktiven Verkaufskonzepten aktiv neue Märkte zu gestalten.

Wie können Multi-Channel-Händler diesen Spagat meistern - und beiden Märkten gleichermaßen gerecht werden? - Indem sie beide Märkte mit unterschiedlichen Strategien und Geschäftsmodellen bedienen, die sich idealerweise strategisch ergänzen.

Wer beispielsweise stationär Elektronikfachmärkte betreibt, der bedient online am besten nur die lukrativsten Teilsegmente. Er bietet bewusst nicht sein Gesamtsortiment an, weil er damit nicht wettbewerbsfähig wäre, sondern greift sich einzelne Teilsegmente heraus, betreibt zum Beispiel nur je einen Spezialshop für preisgünstige Waschmaschinen und für nützliche Küchengeräte. Der Rest des Sortiments wird nur offline angeboten. Der Einkauf kann wie gehabt zentral erfolgen. Die Shoppingkonzepte ergänzen einander, ohne dass sie sich gegenseitig kannibalisieren.

Oder nehmen wir das Beispiel Wöhrl. Die Bekleidungskette hat Anfang des Jahres den Online-Anbieter Herrenkontor übernommen und will ihr Modesortiment künftig online unter dieser Marke anbieten. Wöhrl kann sich so online ein anderes Profil erarbeiten als im stationären Handel und sich - ohne Rücksicht auf die Stammmarke nehmen zu müssen - gegen Online-Wettbewerber besser behaupten.

Die traditionelle Multi-Channel-Denke ist ja sehr nobel. Die eigenen Kunden stehen im Zentrum des Handelns und sollen kanalübergreifend optimal bedient werden. Nur ob sich damit langfristig ein profitables Geschäft machen lässt, ist fraglich. Denn so mancher Kanal wird da schnell zum Zuschussgeschäft. Und damit ist langfristig niemandem gedient.

3:0 FÜR DIE US GILT GROUPE

Auf dem Shop.org Summit, dem jährlichen Branchentreff in den USA, wurde über vieles durchaus kontrovers diskutiert. In einem aber waren sich aber alle einig: Shoppingclubs sind einer der heißesten E-Commerce-Trends, jetzt - mit knapp drei Jahren Verspätung - auch in den USA. Speziell die New Yorker Gilt Groupe, das US-Pendant zu Vente-Privée, finden alle aufregend und toll.

Und an Gilt offenbaren sich auch drei wesentliche Unterschiede, wie Amerikaner mit neuen Ideen - immer noch - umgehen. Wenn US-Gründer auf ein aussichtsreiches Geschäftsmodell stoßen, dann legen sie sich ins Zeug und gehen das Thema in großem Stil an.

Während Vente-Privée schon in Europa allen davonrauscht und auf dem besten Weg ist, spätestens 2011 die Umsatzmilliarde zu überschreiten, sehen die Amerikaner für Gilt alleine in den USA das zehnfache Umsatzpotenzial. Schon im nächsten Jahr soll Gilt Vente-Privée umsatzseitig überholen.

Gilt profitiert in den USA vom Glamourfaktor - das beginnt beim exklusiven Shoppingkonzept und endet beim Top-Management. Zur Geschäftsführerin haben die Investoren Susan Lyne berufen, zuvor Chefin von Martha Stewarts Omnimedia Gruppe, hervorragend vernetzt, aber kaum online erfahren.

Hier offenbart sich der zweite Unterschied: Wohl nur in den USA lassen sich klassische Manager dieses Kalibers für einen Online-Posten gewinnen. Welcher deutsche Geschäftsführer eines Medien- oder Handelshauses würde allen Ernstes bei einem knapp zwei Jahre alten Startup mit einem neuartigen Businessmodell einsteigen?

Der dritte Pluspunkt für die USA ist die hohe strategische Kompetenz. Auch hier ist die Gilt Groupe das beste Beispiel. Kaum den Kinderschuhen entwachsen und auf ein gewisses Maß an Aufmerksamkeit gestoßen, stellt sich Gilt frühzeitig breit auf und besetzt die Märkte: Neben der Hauptseite gibt es inzwischen Gilt Fuse für das jüngere Publikum. Gerade ist Jetsetter für Urlauber online gegangen. Ein Angebot speziell für Männer soll folgen. Ebenso wie weitere Ableger für spezielle Produktebereich.

Gilt will sich nicht wie Vente-Privée ausschließlich auf den Abverkauf von Restposten konzentrieren, sondern, wie in US Outlets üblich, speziell produzieren lassen.

In den USA scheint man eines erkannt zu haben: Es sind nicht die Restposten, es sind die Live Shopping Events, die so ein Konzept attraktiv machen. Und "Appointment Shopping" (Susan Lyne) ist universell und lässt sich auf vielfache Weise einsetzen.

Entsprechend müsste es schon mit dem Teufel zugehen, wenn Gilt in fünf Jahren nicht zu den maßgeblichen E-Commerce-Playern gehören würde.

DIE MAGENTO-ZUKUNFT DES E-COMMERCE

Mit Herstellern von Shopsystemen kann man hervorragend über neue Features und Komponenten diskutieren, über PIMs, über Schnittstellen zur Warenwirtschaft oder Payment-Anbietern, je nach Ansprechpartner auch über die Technologie und über unterschiedliche Optimierungsansätze.

Worüber man mit Shop-Herstellern schlecht diskutieren kann, ist über strategische Perspektiven und die Zukunft des E-Commerce. Hier erschöpft sich die Diskussion sehr schnell auf die Kernaussage: Ein Shopsystem ist ein Shopsystem ist ein Shopsystem. Haben wir eigentlich schon über unsere neuen Features geredet?

Ganz anders bei Magento. Magento begreift sich nicht als bloßes Shopsystem (auch wenn es von vielen noch so gesehen wird), sondern als E-Commerce Plattform. Die Diskussionen mit den Verantwortlichen drehen sich deshalb um Plattform-Strategien, Netzwerk-Effekte und die Potenziale des Magento Öko-Systems.

Magento ist zwar erst anderthalb Jahre alt, hat sich aber in dieser Zeit wie ein Lauffeuer verbreitet. Die weltweiten Installationen gehen in die Tausende bzw., wenn man dem Magento-Marketing glauben darf, in die Zehntausende. Und genau das ist das Pfund, mit dem Magento in Zukunft wuchern will.

Denn da es sich bei der Vielzahl der Installationen nicht um Einheitsinstallationen handelt, sondern um zum Teil stark angepasste Lösungen, bekommt Magento ein weitaus besseres Gespür für die sich wandelnden Bedürfnisse der Händler als ein Hersteller mit nur wenigen Hundert Installationen.

Neben dem heterogenen Händlernetz verfügt Magento über ein weit verzweigtes Entwicklernetz, das mit zum Teil wilden Erweiterungen auf den Markt kommt, auf die das Magento-

Kernteam so nie gekommen wäre (bzw. die sie wenn, dann in der Prioritätenliste weit nach unten geschoben hätte).

Erste Magento-Partner arbeiten an SaaS-Versionen für Händler, die Magento gegen monatliche Gebühren als Service nutzen wollen. Schon im kommenden Frühjahr sollen die ersten vertikalen Versionen erscheinen, mit denen sich Magento an spezifische Händlergruppen wendet. Denn Softgoods-Händler haben nun mal andere Anforderungen als Verkäufer von Hartwaren.

Magento denkt noch weiter und möchte sich als eine Art neuer Standard im E-Commerce etablieren. Vorstellbar sind händlerübergreifende E-Commerce-Anwendungen auf Magento-Basis. Dies beginnt bei gemeinsamen Shoppingaktionen und endet bei virtuellen Services, wie sie heute nur ein Amazon anbieten kann.

KRIEGT DER OTTO-VERSAND DIE ONLINE-KURVE NOCH?

Wohin entwickelt sich Otto nach dem Quelle-Aus? Das ist sicherlich eine der spannendsten Fragen derzeit. Denn ohne Quelle brechen auch für Otto härtere Zeiten an. Bisher konnten sich die Hamburger immer ganz gut am schwachen Konkurrenten aufrichten - und dabei verdecken, dass auch Otto in nur 10 Internetjahren die Hälfte seines Umsatzes verloren hat.

In diesem Jahr allerdings kommt es doppelt hart. Denn Amazon wird als reiner Online-Händler erstmals an Otto vorbeiziehen und Otto nicht nur bei den Online-Umsätzen, sondern auch bei den Gesamtumsätzen hinter sich lassen.

Wenn also Otto-Chef Rainer Hillebrand - wie zuletzt in Ansprachen und Interviews - mit der Versandhandelsbranche hadert und den vom Aussterben bedrohten "Dinosauriern" empfiehlt, aus ihren "Erfahrungsgefängnissen" auszubrechen, dann adressiert er damit vor allem sein eigenes Haus, in der Hoffnung, dass es noch nicht zu spät ist, um das Ruder herumzureißen.

In den vergangenen Monaten scheint Otto seinen Online-Kurs grundlegend überdacht zu haben: Statt One-Stop-Shopping ist in der Otto-Gruppe nun Dezentralisierung angesagt; statt Multi-Channel bekommen nun plötzlich auch reine Online-Konzepte wieder eine Chance.

So hat Otto schon im August Yalook als Marken-Modewelt eröffnet. Im November sollen mit der Schlafwelt und der yourHome Wohnwelt zwei weitere Spinoffs folgen. Anfang 2010 will dann die Mirapodo Schuhwelt in Zappos' Fußstapfen treten. Zugleich werden zügig weitere Otto-Teilsortimente wie Mea & Co. ausgelagert.

Am meisten überrascht hat die Branche sicherlich, dass sich Otto für seine Online-Offensive eigens eine neue Shopsoftware hat stricken lassen, die Otto mehr Flexibilität bei der Warenpräsentation bieten soll. Darauf sollen künftig alle neuen Otto-Ableger laufen. Die novomind iShop GmbH wird als Joint Venture betrieben.

Sicherlich kommen viele der aktuellen Initiativen fünf bis sechs Jahre zu spät. Doch da abgesehen von Yalook derzeit noch keines der neuen Angebote online ist (und auch dieses nur in einer frühen Version), lässt sich schwer abschätzen, wie nachhaltig die Strategie ist: ob Otto der aktuellen Entwicklung nur hinterher hechelt oder ob Otto mit den neuen Konzepten neue Online-Strömungen aufgreifen und die absehbare Neuausrichtung des Marktes antizipieren kann.

Die alles entscheidende Frage wird ohnehin sein: Bleibt Otto - wie Quelle oder Neckermann - weiter ein Fremdkörper in der Online-Welt oder begreifen sich Otto und seine Ableger als wesentlicher Teil des Internet?

DAS NÄCHSTE GROSSE DING

Was wird das nächste große Ding im E-Commerce? Oberflächlich betrachtet sind es mobile Web-Applikationen, InVideo-Shopping sowie Augmented Reality Anwendungen. So sorgt die virtuelle Anprobe von Zugara derzeit für Furore, die die Fotos der Kleidungsstücke auf den realen Körper projiziert und den Kunden so ein Gefühl für die Mode vermitteln kann. Doch so sehr derlei Themen die Phantasie der Web-Visionäre beflügeln, ist noch bei keinem von ihnen ein kritisches Marktvolumen absehbar, so dass sich ein großer Einstieg heute schon ernsthaft lohnen würde.

Ohnehin hat der Handel noch einiges an Hausaufgaben zu machen, ehe er die schöne neue Welt des Web-Verkaufs voll ausschöpfen kann. Vor allem die Distributions- und Logistikprozesse hinken ihrer Zeit hinterher. Denn während die Vernetzung im Online-Bereich schon sehr vieles an Kollaborationsmöglichkeiten erlaubt, herrscht im Infrastrukturbereich immer noch weitgehend die Zentrallagerdenke des Versandhandels.

Zwar haben sich vor allem in jungen Produktkategorien wie der Elektronik- und IT-Branche eine ganze Reihe von Distributoren etabliert, die die dezentrale Versandabwicklung organisieren. Auch nutzen viele Händler zunehmend Dropshipping-Möglichkeiten und lassen direkt ab Hersteller liefern. Was allerdings noch fehlt, sind einfach zu nutzende, universelle Distributionsplattformen, wo sich auf der einen Seite Hersteller und Lieferanten flexibel anbinden lassen können und wo sich auf der anderen Seite Händler zusätzliche Sortimente in den eigenen Shop einbinden können.

So bedauern es vor allem Kaufhäuser und stationäre Fachhändler, die sich offline in der Angebotsauswahl sehr beschränken müssen, dass sie auch online nur Teilsortimente anbieten können, weil ihnen schlichtweg der Lagerraum und/oder die Versandlogistik fehlen. Ähnlich ergeht es erfolgreichen Online-Händlern, die sortimentsseitig expandieren und komplementäre Sortimente in ihr E-Commerce-Angebot aufnehmen möchten, ohne zunächst groß in die Versandlogistik zu investieren.

Einen der ambitioniertesten Versuche für eine Distributionsplattform der beschriebenen Art hat in diesem Jahr Intershop gestartet. Die Berliner Intershop-Tochter TheBakery möchte jedem Händler eine Vertriebsplattform zur Verfügung stellen, wie sie sich bisher vor allem Amazon, Otto und Neckermann leisten konnten. Als erstes will Euronics seinen Online-Handel über TheBakery abwickeln. Erste Händler aus margenträchtigeren Produktbereichen sollen 2010 folgen.

Vom Shop zum Shoppingnetzwerk

Vernetzung ist das große Thema im Web 2.0: das Web als Plattform, der direkte Austausch von Daten und Informationen. Überall, nur nicht im E-Commerce!?

Warum, so wundert man sich, können Online-Shopsysteme noch nicht direkt miteinander kommunizieren – von Shop zu Shop sozusagen? Warum können Produkt- und Bestellinfos nicht jederzeit sicher und direkt von einem Shop in einen anderen überführt werden? Warum kann die Produktverfügbarkeit nicht schnell und direkt geprüft werden?

Online-Shops bieten zwar heute schon zig Schnittstellen zu externen Systemen – zur Warenwirtschaft, zur Versandlogistik, etc., aber keinerlei Schnittstellen untereinander. Shop A spricht nicht mit Shop B, Shop B nicht mit Shop A.

Lange Zeit war dies auch nicht nötig. Denn Händlershops sind schon aus Wettbewerbsgründen nicht an einem (Daten-)Austausch mit anderen Händlershops interessiert. Zu sehr überschneiden sich die Sortimente, zu hoch ist der Konkurrenzdruck. Zu sehr herrscht im Handel noch die Devise „mein Kunde, dein Kunde".

Doch die Lage ändert sich. Jenseits der Händlershops entstehen immer mehr Marken- und Herstellershops, die selber versenden. Und je mehr sie sich etablieren, desto attraktiver wird es für die Online-Händler, deren Sortimente möglichst vollständig in ihre Händlershops zu integrieren, anstatt selber nur Teile des Sortiments vorzuhalten.

Nachdem Amazon mit dem Marketplace den Weg bereitet hat, beginnen sich auch andere zu öffnen. Und so ist seit etwa drei Jahren im E-Commerce eine verstärkte Tendenz zu Online-Marktplätzen und Vertriebsplattformen zu erkennen. Hersteller und Marken wie Mexx oder Trigema sind heute bei Neckermann und Otto direkt vertreten. Die Bestellungen werden weitergeleitet, die Versandabwicklung regeln die Partner selber.

Doch wie erfolgt der Datenaustausch? Kofferdirekt ist noch einer der Fortschrittlichtesten und erlaubt Neckermann & Co. den direkten Zugriff auf das eigene Shopsystem über eine SOAP-Schnittstelle. So können Verfügbarkeiten in Echtzeit geprüft werden. Viele andere setzen hingegen noch auf regelmäßige Ex- und Import-Prozesse.

Shoppingsysteme sollten künftig so konstruiert sein, dass sie sich flexibel zusammenschalten lassen. Produktanbieter können ihre Sortimente dann gezielt für Partnershops freischalten. Magento, Oxid und Shopify sind die ersten Shoppingsysteme, die auf das Connector-Prinzip setzen. Fehlen nur noch die entsprechenden Module, um die Shops dann auch untereinander zu einem Shoppingnetzwerk zu verknüpfen.

IST LIVE SHOPPING TOT?

Hat das Live Shopping seine besten Tage bereits hinter sich? Schutzgeld ist tot, Guut gings auch schon mal besser, und auch sonst haben Live Shopping Events keine Zukunft im E-Commerce. Interessanterweise kommen die Abgesänge auf das Live Shopping hierzulande just zu einem Zeitpunkt, da das Real-Time-Web andernorts fröhliche Urstände feiert. Webweit wird der Echtzeit gefrönt, nur im E-Commerce soll das Live Shopping Erlebnis tot sein?

„Was passiert momentan? Was machst Du gerade?" Das sind die Fragen, mit denen Twitter seine Nutzer bei Laune hält. Im Live Web zählt der Augenblick. Das mag man gut finden oder für übertrieben halten. Doch so tickt der „Lebensraum Internet": Ob bei Facebook oder Twitter, ob online oder mobil - man lässt sich hier und jetzt von den Ideen, Meinungen und Tipps der anderen inspirieren.

Alleine Woot! verfolgen 1,6 Millionen Fans auf Twitter (www.twitter.com/woot), soviele wie kein anderes E-Commerce-Angebot. Wie sehr im Live Web zunehmend der „Deal of the Moment" zählt, musste auch Otto bei seiner „Mac-Preis-Panne" schmerzlich erfahren: „Twitter war der Katalysator", sagt Otto-Kommunikationschef Thomas Voigt gegenüber Medium Magazin: „Die rasante Verbreitung über den sagenhaft günstigen Mac-Preis ist eindeutig über Twitter gelaufen und hat uns in kürzester Zeit rund 2.500 Bestellungen für rund 6.500 Notebooks beschert."

Wohin sich das Thema Live Shopping entwickelt und wie Live Shopping Events in drei bis fünf Jahren aussehen werden, ist offen. Klar dürfte nur sein: Woot!, iBOOD & Co waren erst der Anfang. Vor allem in den USA gibt es mittlerweile auch jenseits der Shoppingclubs tolle Beispiele für Aktionsseiten, die vom Echtzeitweb profitieren.

Seien es die Coupon-Aktionen von Groupon, die die virale Komponente bereits eingebaut haben, weil die attraktiven Gutschein-Angebote nur dann in Kraft treten, wenn sich genügend Leute beteiligen. Oder sei es Lockerz, ein neuartiges Shopping-angebot für Teenager, das geschickt Shopping- und Entertainment-elemente kombiniert und bei seinen Aktionen ebenfalls auf extreme Viralität setzt.

Die Ausprägungen werden vielfältiger, die Bandbreite größer. Immer jedoch geht es darum, Kunden und Neugierige mit attraktiven Angeboten in den Bann zu ziehen. Dies geschieht immer noch am besten mit zeitlich stark limitierten Aktionen.

E-COMMERCE FÜR ALLE SINNE

Emotionen spielen eine entscheidende Rolle im Verkauf. Sie begeistern, sie umgarnen, sie umschmeicheln den Kunden und geben ihm das gute Gefühl, genau hier und jetzt das Beste aller Angebote zu bekommen.

Auch online werben zwar viele Online-Shops grundsätzlich um das Vertrauen der Kundschaft – und untermauern ihre Seriosität mit bewährten, wenn auch allzu nüchternen Methoden wie Gütesiegeln, Stimmen zufriedener Kunden oder Produktbewertungen. Sie versäumen es dabei allerdings, die Kunden auch emotional zu packen, Begeisterung zu wecken und sie richtiggehend zum Kauf zu verführen. Und wenn doch, dann regieren im Online-Handel vor allem zwei große Emotionen – der Geiz und die Gier.

Der Fokus auf den Preis, die Schnäppchenlust wird zum Allheilmittel. Aber soll das wirklich alles sein? Kann Online-Verkauf nicht weitaus mehr sein? Nicht nur Apple weiß, dass der Preis beileibe nicht alles ist und dass das emotionale Spektrum weiter reicht – von A wie Abenteuerlust über B wie Begeisterung bis hin zu E wie Ekstase, von S wie Spannung über T wie Tierliebe bis hin zu Z wie Zufriedenheit, Zorn und Zuversicht.

Wo bleiben all die anderen Emotionen in der Online-Welt? Wo bleibt der Spaßfaktor? Wo bleiben die Neugierde, der Entdeckergeist, die Lust auf Überraschendes im E-Commerce? Wer macht eigentlich online seinen größten Umsatz mit der Angst und der Sorge der Kunden? Von den zahlreichen Versicherungen einmal abgesehen?

Im E-Commerce herrscht emotionale Armut, in vielen Shops gähnende Langeweile. Auf dem Rummel wissen die Marktschreier, wie man Passanten ködert und zum Kauf bewegt. Hier wird das ganze emotionale Spektrum bedient.

„Drei, zwei, eins!" war lange das emotionale Mantra von eBay. Aber auch darüber hinaus haben sich in den vergangenen Jahren jede Menge Erlebniskonzepte durchgesetzt. Woot! steht für „Ja, ich habs!" – die Shoppingclubs wecken den Jagdinstinkt, Swoopo & Co den Spieltrieb. Wir erleben, was E-Commerce noch sein kann.

Und dabei lassen sich Emotionen nicht nur eindimensional, bei jedem einzelnen, wecken. Spannender fast noch sind soziale Emotionen, die aus einem Gemeinschaftsgefühl heraus entstehen. Ob die Trauer über den Tod von Michael Jackson bei Twitter & Co. oder das Public Viewing während der WM 2006 – das hat der Welt gezeigt, was möglich ist, wenn Menschen Emotionen gemeinsam ausleben.

Wie lassen sich soziale Erlebnisse im Handel schaffen? Das wird eine der spannendsten Fragen in den kommenden zehn Jahren: E-Commerce für alle Sinne!

FALSCHE BILDER FÜR DEN E-COMMERCE

Der Mensch braucht Bilder und Vergleiche, um sich neue Entwicklungen verständlich und begreifbar zu machen. Und je nach Wissensstand ändern sich diese. Heute spricht kaum noch jemand vom Internet als (Daten-)Autobahn. Doch in den 90er Jahren war es wichtig, diese Analogie zu haben, um sich ein erstes „Bild vom Internet" zu machen.

Wie sehr Bilder das Verständnis beeinflussen, zeigt das Web 2.0. Zwar werden Begriffe wie „Web 2.0", „Social Web" und „Social Media" oft synonym verwendet, und doch wecken sie jeweils sehr unterschiedliche Assoziationen. Welches sind die Richtigen?

Das Gefährliche an derlei Bildern ist, dass man irgendwann beginnt, die Welt anhand der Bilder und Modelle zu erklären, und sich bald nicht mehr fragt: Stimmen eigentlich die zugrunde liegenden (Denk-)Modelle noch mit der Realität überein? Oder klaffen hier zunehmend Lücken?

Im E-Commerce ist das Denken in Modellen besonders ausgeprägt. Wer fragt sich schon ernsthaft: Sind Shops und Kataloge tatsächlich die besten Modelle für den Online-Handel? Wir haben uns so sehr an das „Bild vom Online-Shop" gewöhnt, dass mancher sich kaum noch vorstellen kann, dass es auch andere Bilder für den Online-Handel geben könnte.

Warum auch? Schließlich hat das Modell prächtig funktioniert, solange zumindest, wie Online-Shops noch an reale Shops erinnerten. Doch irgendwann kam Amazon mit seinen Rezensionen, und irgendwann wurden die Shops „sozial" – und damit begann für die Anhänger des Shopmodells das große Dilemma.

Denn nun ist man natürlich versucht, auch die neuen Phänomene mit aller Gewalt in das bekannte Shopmodell zu pressen, und so entsteht das Bild eines Shops mit sozialen Komponenten (Kommentaren, Empfehlungen, etc.), mit dem ein realer Shop kaum noch mithalten kann.

Spätestens jetzt müsste man sich fragen: Passt das Shopmodell überhaupt noch auf den E-Commerce? Oder gibt es andere, treffendere Bilder für die neuen Entwicklungen?

Was wären andere Bilder? Man könnte sich den E-Commerce als ein Meer von Produkten vorstellen, das sich aus einem kontinuierlichen Strom (dem Amazonas?) von Produkten speist. Man könnte sich den E-Commerce aber auch als Netzwerk von Sortimentsteilen vorstellen.

Momentan ist nur zu erkennen, dass das Shopmodell immer schwerer trägt. Alternativen sind kaum in Sicht. Als bisher einzige hat sich der (Shopping-)Club herauskristallisiert. Sicher nicht das schlechteste Modell, denn immerhin leben Clubs auch in der Realität von ihrer sozialen Komponente, ganz im Gegensatz zu Shops und Katalogen.

DIE RENAISSANCE DES GRUPPENKAUFS

Kaum ein Unternehmen steht auch heute noch so für den Hype der New Economy Ära wie Letsbuyit, das zur Jahrtausendwende mit Ameisen-Maskottchen und viel Tamtam den Gruppenkauf etablieren wollte: Nur wenn sich genügend Käufer finden, bekommen diese das gewünschte Produkt zum vergünstigten Preis. Das Prinzip ist so einfach wie plausibel: Die Händler freuen sich über erhöhte Stückzahlen, die Kunden sorgen für zusätzliche Nachfrage und profitieren vom Preisnachlass.

Rückwirkend betrachtet vereint der Gruppenkauf viele der Crowdsourcing und Social Shopping Elemente des Web 2.0. Insofern ist seine Renaissance durch Groupon & Co nicht allzu verwunderlich. Das Internet ist inzwischen fester Bestandteil des Lebens. Und es gibt weitaus mehr erfahrene Online-Nutzer, die mit dem Medium umzugehen wissen, als zu Letsbuyit-Zeiten. Vor allem aber ist es heute weitaus üblicher, dass Menschen online gemeinsam aktiv werden.

Groupon hat sich auf den lokalen Gruppenkauf spezialisiert und verkauft in den USA sehr erfolgreich Gutscheine in Tagesaktionen für lokale Händler. Hervorgegangen ist es im November 2008 aus „The Point", einem Startup, das Gruppenaktionen jeglicher Art organisiert hat, also Spendenaktionen, gemeinsame Projekte, etc. Groupon war eine natürliche Ausweitung der Aktivitäten auf den kommerziellen Bereich und wurde irgendwann als eigenständiges Unternehmen ausgegliedert.

Doch Groupon ist beileibe nicht das einzige Unternehmen, das auf Gruppenkäufe setzt. Parallel dazu hat sich in Frankreich MyFab etabliert, das Möbel und Einrichtungsgegenstände erst dann produzieren lässt, wenn sich genügend Käufer gefunden und vorbestellt haben. Seit Herbst 2009 ist MyFab auch in Deutschland vertreten.

Wie bei Groupon (CityDeal CooleDeals, DailyDeal) gibt es auch von diesem Geschäftsmodell (Fashion4Home, design2desire) mittlerweile eine Fülle von Kopien und Abwandlungen. Die Aussichten, dass sich das Prinzip diesmal durchsetzt und auf weitere Produktkategorien überschwappt, sind hoch. Aber sicherlich muss man die aktuelle Hypewelle abwarten, um zu sehen, welche Modelle wirklich Substanz haben.

Wenn man Presseberichten glauben darf, dann ist der Gruppenkauf derzeit vor allem in Asien populär, wo man sich auf Seiten wie Teambuy.com.cn online verabredet, um dann gemeinsam beim Händler vor Ort zu shoppen, Gruppenrabatt inklusive.

DAS GROSSE EINMALEINS DES E-COMMERCE

Je nach Ambition eines Shoppinganbieters reicht es im E-Commerce, das kleine oder das große Einmaleins des Online-Handels zu beherrschen.

Das kleine 1x1 befasst sich mit der Shop-Optimierung: Woher bekomme ich den besten Traffic und wie konvertiere ich ihn am besten? Es wendet sich an Händler, die das Internet als Zusatzkanal nutzen und ihren Online-Shop verkaufsoptimaler gestalten wollen.

Dieses Buch hat den „E-Commerce für Fortgeschrittene" zum Thema: neue Märkte, neue Strategien, neue Geschäftsmodelle. Hier gilt das große Einmaleins des E-Commerce - und folgende 12 Grundregeln:

Denken und handeln Sie online (Regel Nr. 1): Analysieren Sie den Online(!)-Markt – und positionieren Sie sich strategisch (Regel Nr. 2): Wer sind die wichtigsten (Online-)Wettbewerber und wie setze ich mich von ihnen ab?

Legen Sie den Fokus auf das Stammkundengeschäft: Wie begeistere ich meine Stammkunden (3)? Wie kann ich meine Wiederkäuferrate erhöhen (4)? Die Erfahrung lehrt: Das Neukundengeschäft lenkt vom Ziel ab. Denn nur begeisterte Stammkunden machen profitablen Umsatz und locken die Neukunden dann in der Regel von alleine an.

Bedenken Sie bei all dem jedoch, dass das Internet immer noch weitgehend unerforschtes Land ist, das sich schneller verändert als Sie einen Markt definieren können.

Achten Sie daher nicht nur auf bestehende Online-Märkte. Am besten, Sie denken vom Nutzer her! Schaffen Sie mit neuen

Geschäftsideen neue (Online-)Märkte (5) und finden Sie optimale Geschäftsmodelle (6) dafür!

Was sind ihre exklusiven Erfolgsfaktoren? Womit differenzieren Sie sich vom Wettbewerb? Langfristig entscheiden die exklusiven Komponenten ihres Geschäftsmodells über den Erfolg. Regel Nr. 7 lautet daher „Exclusify your Business!".

Vernetzen Sie sich (8): Ignorieren Sie Google und die Preisvergleicher, kooperieren Sie direkt mit komplementären Anbietern und schaufeln Sie sich gegenseitig (Neu-)Kunden zu.

Bringen Sie sich ins Gespräch (9): Das Internet ist ein Medium. Spielen Sie damit, unterhalten, animieren und begeistern Sie Ihr Publikum. Kurzum: Verkaufen Sie medial (10).

Händler haben online nur als Dienstleister eine Chance (11): Was ist Ihre Dienstleistung für Ihre Kunden bzw. für die Markenhersteller?

Nutzen Sie das die nächsten zehn Jahre (12)! Das Internet hat sich etabliert. Nie waren die Chancen größer, den Kunden Neues zu bieten und dem etablierten Handel mit spannenden, neuen Konzepten Marktanteile abzujagen.

NACHFOLGER GESUCHT?

Immer wenn im Mai das Internetretailer-Magazin in den USA seine Top 500 Liste der umsatzstärksten Online-Shops veröffentlicht, kann man Wetten abschließen, wie viele der aufgeführten Shops das Jahr überstehen werden und/oder wieviele davon im Laufe des Jahres geschluckt werden.

Auch 2009 wurde wieder eifrig fusioniert: Drugstore übernahm Skinstore, GSI Commerce schnappte sich SmartBargains und RueLaLa, das insolvente eToys ging an Toys'R'Us, das insolvente RightStart/BabyStyles an Liberty Interactive. In den USA ist die Konsolidierung bei den klassischen Online-Shops schon in vollem Gange.

Und spätestens, seit Zappos, einer der wohl stärksten, unabhängigen Hoffnungsträger im E-Commerce, im letzten Sommer sehr überraschend unter das Dach von Amazon geschlüpft ist, dürfte auch den letzten klar geworden sein, wie schwer es für unabhängige Online-Shops künftig werden wird. Wie viele davon werden eigenständig überleben können?

Auch hierzulande muss sich jeder Shopbetreiber ab einem gewissen Punkt die Frage stellen, ob er es auf Dauer aus eigener Kraft schaffen kann oder ob er einen starken Partner braucht: Zuletzt ging Kolibrishop an die aufstrebende DFL Group von Dress-for-less; Thalia hat sich die Mehrheit bei buch.de gesichert, welches zuvor schon Alphamusic und den Büromittelversender Flexist geschluckt hat. Wöhrl übernahm Herrenkontor. Home of Hardware ging an Cancom. Die Reste der insolventen Elektronikversender Promarkt Online und Myby fielen an die REWE-Gruppe. Hitseller sucht derzeit ebenso einen Nachfolger wie der Streetwear-Shop Theladen.

So verwundert es nicht, wenn Stefan Puriss, Betreiber des Frontline-Shops, auf dem Online-Handelskongress den

Verdrängungswettbewerb als das drängendste Problem für den Online-Handel der kommenden Jahre nannte.

Im Prinzip bleibt vor allem kleineren Shopbetreibern oft wenig anderes übrig als sich aktiv nach einem Partner umzuschauen. Wer ambitioniert ist und nicht verkaufen oder fusionieren will, der holt sich einen Wachstumsinvestor an Bord, um auf diese Weise die kritische Umsatzschwelle zu erreichen. Auch hierfür gibt es inzwischen genügend Beispiele, zuletzt bekam der Petshop Kapital aus der Schweiz, der Modeversender MyTheresa holte Acton Capital an Bord. Auch Dress-for-less und Redcoon wollen mit Investorengeldern wachsen.

Es ist davon auszugehen, dass es in fünf bis zehn Jahren weit mehr noch als heute nur noch einige wenige prägende Online-Händler geben wird.

ERFOLGSMODELL DIAPERS.COM

Wenn es um erfolgreichen, wachstumsstarken E-Commerce geht, dann muss man gar nicht immer auf Vente-Privée & Co. blicken. Auch im klassischen E-Commerce-Segment gibt es immer wieder Anbieter, die extrem von der zunehmenden Professionalisierung profitieren und quasi aus dem Nichts kommend an der vermeintlich etablierten Konkurrenz vorbeischießen.

Bestes Beispiel ist aktuell Diapers.com, der wachstumsstarke Versand für Babybedarf, der in den USA derzeit sämtliche Aufsteigerlisten anführt. 2004 gegründet legte Diapers ein erstaunliches Wachstum an den Tag und konnte seinen Umsatz laut Inc. Magazine von 2,5 Mio. Dollar im ersten Geschäftsjahr (2005) auf 89,4 Mio. Dollar (2008) steigern. 2009 will Diapers Pressemeldungen zufolge den Umsatz dann nochmals verdoppelt haben.

Das war allerdings erst der Anfang. Denn im Herbst hat Diapers von mehreren VC-Gesellschaften eine Kapitalspritze von 30 Mio. Dollar erhalten und kann nun den Wachstumskurs gegebenenfalls auch international fortsetzen. Der bisherige Marktführer, das 1999 gestartete BabyAge, ist dagegen mit überschaubaren 30 Mio. Euro Umsatz nur mehr ein vergleichsweise kleines Licht und hat gerade ebenfalls 15 Mio. Dollar Risikokapital erhalten, um zumindest die Chance zu wahren, wieder aufzuschließen.

Diapers ist ein durchaus kalkulierter Erfolg, wie ihn 15 Jahre E-Commerce-Erfahrung jetzt möglich machen: Von Beginn an VC-getrieben nehmen sich erfahrene E-Commerce-Profis einen unter-entwickelten Markt vor und rollen ihn auf, indem sie die bestmögliche Infrastruktur nutzen und auf bewährte Marketing-maßnahmen zurückgreifen. Wenn sie dann noch eine klare Strategie vor Augen haben wie die Diapers-Macher, die sich – Zappos lässt grüßen – eine starke Service-Orientierung auf die

Fahne geschrieben haben, dann ist der Erfolg quasi vorprogrammiert.

Wenn Erfolgsgeschichten wie Diapers etwas zeigen, dann, wie sehr auch der klassische E-Commerce noch in den Kinderschuhen steckt und welchen Unterschied es macht, ob sich erfahrene E-Commerce-Profis eines Thema annehmen oder der (Versand-)Händler von nebenan.

Der gesamte E-Commerce-Markt wird sich in den nächsten 10 Jahren, vorsichtig geschätzt, mindestens noch einmal verdoppeln, wohl eher aber verdreifachen oder sogar vervierfachen. Entsprechend ist keiner der heutigen Marktführer, egal in welchem Marktsegment, davor gefeit, dass ihm ein ambitionierter Neuling à la Diapers den Markt streitig macht.

Inzwischen hat Amazon Diapers.com übernommen.

BETRIEBSSYSTEME FÜR DEN E-COMMERCE

Was ist die optimale Shop-Technologie? Und wie sehen die Betriebssysteme für den E-Commerce von morgen aus? Wenn sich die deutsche E-Commerce- und Entwicklerszene Anfang Mai 2010 zuerst in Freiburg zur zweiten Oxid Commons trifft und nur drei Wochen später zur dritten Meet Magento Konferenz in Leipzig, dann wird nicht nur über die Erfahrungen mit den Open Source Alternativen debattiert, sondern auch wieder intensiv über System-architekturen und Infrastruktur-Fragen: Wohin entwickeln sich die Märkte, und was benötigen sie künftig für Systemlösungen?

Denn, wie auch in dieser Kolumne schon häufiger thematisiert, driftet das E-Commerce-Verständnis zunehmend auseinander: Während der traditionelle Handel auch weiterhin an E-Commerce-Lösungen interessiert ist, die der klassischen Shop- und Katalog-logik folgen, sehnen sich die neuen E-Commerce-Macher nach universeller einsetzbaren „E-Commerce-Frameworks", die auch andere Businesslogiken und Verkaufsmechaniken unterstützen, und nach Systemarchitekturen, die sich weitaus besser den Bedürfnissen des eigenen Geschäftsmodells anpassen lassen.

Neben den sortimentsgetriebenen E-Commerce-Formaten haben sich in den letzten Jahren eine Reihe von aktionsgetriebenen und kundengetriebenen Formaten herauskristallisiert, die prozessseitig heute noch kaum unterstützt werden. Eingedenk der zunehmenden E-Commerce-Vielfalt sprechen einige Experten deshalb inzwischen nicht mehr von Shopsystemen, wenn sie über den E-Commerce der Zukunft nachdenken, sondern von Betriebs-systemen für den E-Commerce.

Neben einem robusten Grundgerüst und einem Basis-Set von Funktionalitäten müssen die E-Commerce-Systeme der nächsten Generation auch über Steuerungskomponenten verfügen, um die verkaufsseitigen Abläufe und Prozesse besser regeln und auch ausgefeiltere E-Commerce-Modelle realisieren zu können.

Natürlich werden auch künftige Shoppinglösungen nicht ohne die bekannten Basiskomponenten auskommen. Die Warenkorbfunktionalität gehört ebenso zu einem guten System wie die effiziente Bestell- und Zahlungsabwicklung. Die Anbindung an die Backendsysteme genauso wie flexible Formen der Produktpräsentation.

Davon abgesehen werden die E-Commerce-Anwendungen der Zukunft jedoch weit mehr sein als die wandelbaren Produkt-Schaufenster heutiger Prägung. Entsprechend liegen die Chancen in der Business-Intelligenz. Neben der Produktverwaltung gehören intelligente Modelle zur Ablauf- und Prozesssteuerung ebenso dazu wie kundenindividuelle Preismodelle und die entsprechenden Verkaufsmechaniken.

TRANSPARENZ IM E-COMMERCE-MARKT

Jetzt ist es raus: Die Zahl der relevanten Player im deutschen E-Commerce-Markt ist mehr als überschaubar. Nur knapp 300 Online-Händler sind es, die hierzulande mehr als 10 Mio. Euro Umsatz im Jahr machen; keine tausend Händler sind es letztlich, die mehr als 1 Mio. Euro Umsatz erreichen.

Das hat das Kölner EHI Retail Institute ermittelt und erstmals für den deutschen Markt eine Liste der 1.000 umsatzstärksten Online-Shops erstellt, die ähnlich dem Internetretailer Top 500 Guide in den USA – einen einigermaßen aussagekräftigen Blick auf den deutschen Händlermarkt zulässt.

Bisher kursierten unterschiedlichste Studien, Befragungen und Schätzungen zur Zahl der Online-Shops, die aber oft mehr Wert auf Masse, sprich: auf imposante Zahlen, denn auf Klasse legten. Doch wer von mehreren hunderttausend Internetshops in Deutschland ausgeht, der zählt eben auch die vielen kleinen, brachliegenden Shops mit, die nur einige, wenige Euro im Jahr erzielen. Das suggeriert eine Marktgröße, die einfach nicht vorhanden ist.

Denn wie in den USA ist auch im deutschen E-Commerce-Markt die Konzentration hoch. Die zehn größten Online-Händler vereinen hierzulande einen Marktanteil von 25% auf sich, die 100 größten Händler kommen bereits auf einen Marktanteil von 66%. Die Händler jenseits der Top 500 haben für den Gesamtmarkt kaum noch Relevanz.

Wer treibt am erfolgreichsten E-Commerce? Wie in den USA haben auch hierzulande die Pure-Player die Nase vorn: 36% der E-Commerce-Umsätze entfallen auf die reinen Online-Händler, 33% auf die Katalogversender, 21% auf den stationären Handel.

Die EHI Liste basiert noch auf den Umsatzzahlen von 2008, während für den US-Markt schon die 2009er Daten vorliegen. Dort hat die Konzentration unter den Top 500 auch im letzten Jahr weiter zugenommen. Die Top 100 Shops wuchsen um 12%; die Shops auf den Positionen 401 bis 500 im Schnitt nur um 2%. Diese Entwicklung ist aber auch den zahlreichen Übernahmen und Zusammenschlüssen auf den vorderen Plätzen (Amazon und Zappos, GSI und Smartbargains) sowie wieder einiger Pleiten auf den hinteren Plätzen geschuldet.

Auch in den USA sind neue Geschäftsmodelle auf dem Vormarsch. Speziell die Shoppingclubs haben 2009 Einzug ins Feld der Etablierten gehalten. RueLaLa hat auf Platz 103 die Top 100 nur knapp verfehlt. Gilt Groupe (auf Platz 140) und Hautelook (auf Platz 191) folgen nur unweit dahinter.

Solche Entwicklungen machen den E-Commerce weiter spannend. Sobald in einem Marktsegment die Fahnenstange erreicht zu sein scheint, entsteht ein neues Segment, das den Markt wieder durcheinanderwirbelt.

DIE ZEIT DER GROSSEN ABLENKUNGEN

Momentan fällt es wirklich schwerer, sich auf das Wesentliche zu konzentrieren. Selten sah sich die Webszene mit so vielen spannenden, neuen Themen und Entwicklungen gleichzeitig konfrontiert. Vom iPad bis zum Twitter Realtime Web, von Augmented Reality bis zum weiten Feld des Social Commerce. So mancher Händler weiß nicht mehr, wo ihm der Kopf steht und wie er all die Trends und Themen einordnen und überblicken soll.

Die Zukunft des Internet ist mobil, heißt es. Steigen wir also in den Mobile Commerce ein? Brauchen wir Anwendungen fürs iPhone, fürs iPad, für Android- und/oder für andere Mobilgeräte? Wie sieht es mit Location Based Services aus - Couponing-Aktionen und Gutscheine für Windowshopper und mobile Passanten?

Doch das Mobile Web schön und gut. Was ist mit dem Social Web? Haben wir eine Social Media Strategie? Brauchen wir überhaupt eine? Wie wichtig sind Facebook, Twitter & Co. für PR, für Marketing, für unseren Abverkauf? Wollen wir uns ins sozial-mediale Haifischbecken wagen? Werden sie uns zerfleischen?

Vielleicht dann doch lieber etwas weniger Verfänglicheres: Video Shopping vielleicht? Reichen Produkt- und Herstellervideos im Shop? Brauchen wir aufwändige Teaser und regelmäßige Verkaufsshows? Was ist mit Augmented Reality und virtuellen Anproben?

Die Flut neuer Entwicklungen ist überwältigend, bisweilen irritierend und im schlimmsten Fall desorientierend. Und auch wenn man derlei Themen nicht unterschätzen darf, so muss man doch ganz klar unterscheiden: Welche der Entwicklungen führen zu strukturellen Marktveränderungen? Und wobei handelt es sich nur um den nächsten Hype?

Natürlich ist es einfacher, sich trendy und innovativ zu geben und dem nächstbesten Hype nachzuhängen. Viel einfacher, als sich grundlegende Gedanken zu machen und das eigene Geschäftsmodell immer wieder auf den Prüfstand zu stellen.

Doch genau darum muss es gehen. Denn einige der Entwicklungen werden für den (Online-)Handel ähnlich dramatische Folgen haben wie für den Musikhandel und den Handel mit Zeitungen und Zeitschriften. Deshalb geht es immer um die Frage: Wie zukunftsfest ist mein Geschäftsmodell? Muss ich mich umorientieren, anpassen oder im Extremfall neu erfinden?

Diese Kolumne fokussiert nicht ohne Grund vor allem auf geschäftsmodellrelevante Entwicklungen. Denn im Kern macht das Internet den Handel, wie wir ihn kannten, überflüssig. Was aber können Händler tun, damit Hersteller und die neuen Online-Intermediäre nicht an seine Stelle rücken?

TECHNOLOGIE: PROBLEMLÖSER ODER

INNOVATIONSTREIBER?

Die meisten Händler setzen Technologie zur Lösung von Problemen ein. Die wenigsten nutzen sie perspektivisch, um sich damit neue Märkte und Möglichkeiten zu erschließen. Das unterscheidet im Wesentlichen auch die Startup-Denke von der Denkweise etablierter Unternehmen. Die einen sehen Technik eher als notwendiges Übel, die anderen als Enabler und wesentlichen Treiber.

Der Mai war auch 2010 wieder geprägt von den beiden großen E-Commerce-Tech-Konferenzen, der Oxid Commons und der Meet Magento, die zusammen an die 800 Leute anzogen, um sich über die technologischen wie konzeptionellen Perspektiven für den E-Commerce auszutauschen.

Oxid-Chef Roland Fesenmayr bekräftigte seine langfristige Vision von Oxid als dem „Betriebssystem für den E-Commerce" und konnte auf ein inzwischen sehr ansehnliches Spektrum an Referenzen verweisen, das von Fressnapf bis Strenesse (in den klassischen Handelssegmenten) und von Dealclub bis Woonio (im Startup- und Innovationsbereich) reichte.

Die Magento-Führung propagierte ‚Mobile' als die Zukunft des E-Commerce. Magento möchte bei den Händlern mit einer Multi-Device-Strategie punkten, die es Händlern und Marken erlaubt, sehr schnell erste iPhone und iPad-Anwendungen zu starten, um damit erste E-Commerce-Erfahrung auf mobilen Geräten zu sammeln.

Noch zielen die mobilen Pläne von Magento vornehmlich auf den bestehenden Handel. Doch Magento ist sich ebenso wie Oxid sehr bewusst, dass sich E-Commerce-Lösungen künftig nicht mehr nur auf die reine Shop-Logik beschränken können, sondern auch eine Fülle von anderen Business-Logiken berücksichtigen müssen.

Ich durfte dieses Thema in einem Vortrag zum Thema „(Driving) Business Innovation with Magento" vertiefen. Darin habe ich darzustellen versucht, wie speziell Startups Open Source Lösungen nutzen, um sehr schnell neue Geschäftsmodelle zu entwickeln und mit neuen Businessstrategien zu experimentieren.

Speziell Magento hat sich in den letzten beiden Jahren zu einer Art Allzweckwaffe für Startups entwickelt, die relativ schnell mit neuen E-Commerce-Konzepten auf den Markt kommen wollen. Magento ist mittlerweile nicht nur einer der Treiber des Shoppingclub-Marktes, sondern wird u.a. auch von DailyDeal für sein Groupon-Konzept eingesetzt.

Interessant war auch diesmal wieder zu sehen, dass auch auf den Open Source Veranstaltungen wieder Mitarbeiter von Intershop & Co. waren, um sich mit den Open Source Leuten auszutauschen und zu vernetzen.

MULTI-SHOPS AUF DEM VORMARSCH

Wenn es aktuell einen Trend gibt für das klassische E-Commerce-Segment, dann ist es der Trend hin zu Multi-Shop-Angeboten: Ein E-Commerce-Anbieter betreibt für mehrere Sparten eine zunehmende Zahl an Themen-, Marken- oder Nischenshops, die zwar in der Regel zentral sortimentiert und auf einer gemeinsamen Plattform betrieben, aber unabhängig voneinander vermarktet werden.

In den USA kommen Vorreiter wie CSN Stores nach acht Jahren auf über 200 Einzel-Shops, die alle unter eigener Flagge segeln und zusammengerechnet einen Umsatz von 200 Mio. Dollar erreichen. 2002 mit einem Shop gestartet, kamen im zweiten Geschäftsjahr drei Shops hinzu, im dritten Jahr neun Shops, bevor CSN Stores dann in den Folgejahren jeweils Dutzende von neuen Ablegern pro Jahr startete.

Das Multi Shop Phänomen ist ein Gegentrend zur lange vorherrschende Idee vom „One-Stop-Shopping"-Portal, einer zentralen Anlaufstelle mit möglichst umfassendem Sortiment, das alles für jeden bietet. Hier setzte man bewusst auf eine einzige, zentrale Plattform und arbeitete allenfalls mit speziellen Landingpages, um Teilsortimente herauszustellen und saisonale Themen in Mailings und bei Google besser promoten zu können. Die Landingpages kommen allerdings in der Regel ohne eigene Domain aus.

Die Vorteile einer Multi-Shop-Plattform liegen auf der Hand: Speziell gestaltete Angebote erlauben eine sehr viel genauere Zielgruppenansprache. Markenshops gehen nicht im Einerlei des Hauptangebots unter, sondern erhalten einen eigenständigen Online-Auftritt.

Hierzulande expandieren Dressforless mit Markenshops für Ben Sherman und Lee-Jeans sowie Haburi und dem Kolibrishop. Der

Modeversender DePauli, groß geworden als Herrenausstatter.de, betreibt neben Fashionsisters und Socken.de u.a. auch Markenshops für Strellson, Olymp, René Lazard und Gant sowie das Outlet FashionOnSale. Eine ähnliche Strategie verfolgt die Yoox Group, die sich von Italien aus mit Shops für Diesel, Energie, DSquared2, Napapijri oder Jil Sander eher auf das Luxussegment fokussiert.

Auch die Internetstores um Fahrrad.de und Fitness.de umfassen inzwischen ein halbes Dutzend von Spezial- und Markenshops – vom Online-Shop des Fahrradherstellers Kettler und bis zu e-ways für Zweiräder mit Elektro-Antrieb.

Direkt in die Fußstapfen von CSN-Stores scheint FP Commerce treten zu wollen, wie die Internetstores eine Samwer-Beteiligung. Dort gibt es heute schon sehr spezielle Shops für Möbel (Möbel-Profi und Gartenmöbel-Experte), Lampen (Lampen-Experte, Tischlampe24, etc.), Wein (Wein-Fachhandel) und Kinderwägen (Kinderwagen-Experte).

SOCIAL COMMERCE 2011-2013

Glaubt man den Analysten von Forrester Research, dann kommt „Die große Zeit des Social Commerce" im Jahr 2011 und erreicht ihre Reifephase im Jahr 2013. So hieß es zumindest im Trendreport „The Future of the Social Web" vom April 2009. Bis dahin befinden wir uns laut Forrester weiter in einer Phase der „sozialen Funktionalitäten", die seit 2009 wirkt und ihren Höhepunkt dann im kommenden Jahr erreichen soll.

Das deckt sich auch ganz gut mit den aktuellen Beobachtungen. War die Skepsis bzgl. Nutzeraktivitäten bis vor ein, zwei Jahren noch sehr ausgeprägt, so bezweifelt heute kaum noch jemand, dass Produktbewertungen und Nutzerkommentare hilfreich und nützlich sind und ein E-Commerce-Angebot von Nutzerempfehlungen via Facebook oder Twitter nur profitieren kann. Repräsentative Befragungen wie die ACTA-Analyse des Allenbach Instituts bestätigen auch: Je erfahrener ein Online-Nutzer ist und je intensiver er online bestellt, desto mehr achtet er auf die Meinungen der anderen.

Aber für viele hört das Verständnis von Social Commerce heute auch genau auf dieser funktionalen Ebene auf: Social Shopping, das sind Bewertungen und Kommentare, vielleicht noch Facebook-Pages, Twitter-Accounts und ein Blog. Wer von Social Commerce spricht, der denkt heute vor allem an Social Media Marketing und die (Produkt-)Vermarktung über „soziale Medien". Entsprechend wird Social Commerce derzeit gerne auf die ebenso griffige wie irreführende Formel Social Commerce = Social Media + E-Commerce gebracht.

Was in dieser Definition nicht zum Ausdruck kommt, ist das soziale Shopping-Erlebnis: Im Fokus steht nicht mehr das Produkt im Rahmen einer klassischen Kunden-Händler-Beziehung, sondern der direkte und ungefilterte Austausch der Nutzer untereinander. Deshalb machen sich Anbieter, die Social Commerce weiter denken, derzeit intensive Gedanken, wie sie das gemeinsame Shoppingerlebnis und den Austausch der Nutzer untereinander fördern können. Was sind die Tools, die sie (ihren) Nutzern dafür in die Hand geben können?

In den vergangenen fünf Jahren ist im Social Shopping Segment sehr viel experimentiert worden – jedoch weitgehend ohne durchschlagenden Erfolg. Doch inspiriert durch Facebook und Twitter nehmen Startups wie Etsy, Hollrr & Co nun einen neuen Anlauf und beginnen radikal umzudenken. Im Kern steht die Frage: Wie sieht die perfekte Shoppingumgebung für der Nutzer aus? Wie müsste im sozialen Kontext ein Social Shopping oder besser noch ein Personal Shopping Network für den Nutzer aussehen?

WOVON LEBT DER KOSMETIKVERSAND?

„Mit Umsätzen in Höhe von knapp 40 Mio. Euro avancierte der Douglas-Online-Shop zur umsatzstärksten „Douglas-Filiale". So freut sich die Parfümerie-Kette Douglas über ihr Online-Ergebnis im Geschäftsjahr 2009/10. Binnen fünf Jahren hat das kleine E-Commerce-Team die Umsätze mehr als vervierfacht. Zuletzt betrug das Wachstum 25%.

So schön, so gut. Doch mal nüchtern betrachtet: Wie eindrucksvoll ist dieses Ergebnis für ein ambitioniertes Unternehmen wie Douglas wirklich? Kann Douglas mit den 40 Mio. Euro und einer Online-Quote von gut 4% zufrieden sein – oder wäre schon heute deutlich mehr drin, wenn man sich als Kosmetikversender in Sortiment, Präsentation und Zielgruppenansprache voll und ganz auf das Online-Publikum einlassen würde?

Das ist die Gretchenfrage aller Filialisten, die online verkaufen: Nutze ich den neuen Kanal für meine Bestandskunden oder bediene ich mit neuen, attraktiven Verkaufsstrategien ein völlig neues Publikum, das ich bisher nicht erreichen konnte?

Kunden können Cremes, Puder und Parfums online nicht so fühlen, riechen, schmecken wie in der Parfümerie. Das ist ein generelles Manko für den Kosmetikversand. Vielleicht aber auch nicht. Denn die TV-Versender beweisen gerade das Gegenteil: „Durch das starke Wachstum im Beauty-Sektor stiegen die Umsatzerlöse im Bereich Beauty & Lifestyle um fast die Hälfte – von 114 Mio. auf 169 Mio. Euro", heißt es zum Beispiel bei QVC.

25 Prozent seines Gesamtumsatzes machte der Shoppingsender 2009 mit Beauty- und Wellness. Auch bei HSE24 hat der Beauty-Anteil 22% erreicht, und ein Umsatzvolumen von 88 Mio. Euro.

Douglas hat im letzten Jahr selber den Sprung ins TV gewagt, musste aber sehr bald erkennen, dass es weder das geeignete

Produktangebot noch die Verkaufskompetenz hat, um Beauty medial verkaufen zu können.

Denn was die Beauty-Strategien von QVC und Douglas unterscheidet, ist, dass die Sender für ihre Kundschaft eigene Marken geschaffen haben, die sich medial gut inszenieren lassen und ein enormes Vertrauen bei ihren Zielgruppen genießen.

Erstaunlich dabei: Diese Markenkonzepte gelten inzwischen als so zukunftsträchtig, dass sich die Kosmetikkonzerne darum reißen. So hat Shiseido Anfang 2010 Bare Escentuals für 1,7 Mrd. Dollar übernommen, und Smashbox Cosmetics ging als weitere Teleshoppingmarke kürzlich an Estée Lauder.

Neue Medien brauchen neue, attraktive Produktangebote. Das ist etwas, was man speziell in der Kosmetikbranche lernen kann.

DIE DYNAMISIERUNG DES E-COMMERCE

Twitter experimentiert seit Juli 2010 mit @earlybird-Aktionen, das Social Shopping Network Kaboodle propagiert seit neuestem „Poppicks on Kaboodle". Exklusive Shoppingangebote und Verkaufsaktionen für die eigene Nutzerschaft stehen derzeit hoch im Kurs bei den sozialen Medien.

Wie an dieser Stelle immer wieder betont, befruchten sich Live und Social Shopping Themen gegenseitig. Während Live Shopping Aktionen im Google-Index untergehen, finden sie im Social Web den optimalen Nährboden, um sich in Windeseile zu verbreiten.

Vordenker wie Peter Kruse sprechen im Zusammenhang mit sozialen Netzwerken wie Facebook schon seit längerem von „Empfehlungsnetzwerken". Was für den Austausch von Informationen gilt, gilt auch für die Empfehlung von attraktiven Produkt-Angeboten.

Finden und Entdecken, vor allem das zufällige Finden und Entdecken – das passiert zunehmend bei Facebook, Twitter & Co. Wobei die Empfehlungen bei Facebook eher für den engeren Freundes- und Bekanntenkreis, die bei Twitter & Co. eher für die breitere Öffentlichkeit bestimmt sind.

Selbst die guten alten Blogs sind nicht tot und gewinnen als Consumerblogs neu an Fahrt. Die ersten erfolgreichen Modeblogs setzen nun auch hierzulande zunehmend die Trends im Modebereich und weisen auf neue Modelabels, Shops und Angebote hin. Und ein Schnäppchenblog wie MyDealz hat inzwischen eine so zahlreiche und treue Anhängerschar, dass er für viele Elektronikversender zu einem zunehmend unverzichtbaren Traffictreiber wird, wenn sie Kunden mit attraktiven Angeboten locken wollen.

All diese Medien leben von Neuheiten. Nichts ist so alt wie das Angebot von gestern. Entsprechend profitieren von den Entwicklungen in diesem Bereich vor allem die Händler, die für einen kontinuierlichen Nachschub an neuen Produktangeboten sorgen können, die also nicht mehr in klassischen, statischen Sortimentsstrukturen denken, die alle paar Wochen wechseln, sondern in Produktströmen, die einen täglichen Strom an Angeboten erzeugen.

Angebote für den Augenblick – kann das auf Dauer gutgehen? Ob der Flüchtigkeit der Angebote kommt einem dieses Vorgehen im ersten Moment suspekt vor. Man darf allerdings nicht unterschätzen, welche Stückzahlen hier innerhalb kürzester Zeit abgesetzt werden. Außerdem werden Live Shopping Aktionen den klassischen E-Commerce nie ersetzen, sondern immer nur ergänzen. Wichtig ist aber zu erkennen, dass es für den E-Commerce beide Perspektiven gibt – statische und dynamische Angebote.

AMAZON AUF FACEBOOK-KURS

„Amazon integriert Facebook auf den eigenen Seiten" – Schon lange hat im Blog von Exciting Commerce keine Meldung mehr für solches Aufsehen gesorgt wie diese. Schließlich ist Amazon in puncto Social Web nicht gerade ein Vorreiter - und immer extremst zurückhaltend, wenn es darum geht, die Inhalte fremder Seiten auf die eigenen Seiten zu integrieren. Umso überraschender also, wenn Amazon es nun zulässt, dass die Nutzer ihr Beziehungsnetzwerk, sprich: ihren Freundes- und Bekanntenkreis, von Facebook zu Amazon (mit-)bringen können.

Doch selbst Amazon muss einsehen, dass es datenseitig in Rückstand geraten ist und die eigene Datensammlung längst nicht mehr den heutigen Möglichkeiten eines Social Webs entspricht. Zwar mag Amazon der größte und erfolgreichste Online-Händler sein – und es mag sein, dass Amazon als einer der ersten erkannt hat, wie wichtig Nutzerstimmen als vertrauensbildende Maßnahmen im E-Commerce sind.

Amazon mag den einzelnen Kunden und seine persönlichen Präferenzen besser kennen als er selbst. Doch was auch Amazon fehlt, ist das Wissen um das soziale Umfeld, um die Beziehungen der Nutzer untereinander. Wer kennt wen – und wie gut? Denn schließlich sollen die besten Empfehlungen ja immer noch aus dem Freundes- und Bekanntenkreis kommen.

Amazon holt sich dieses Wissen nun also durch die Hintertür über Facebook Connect. Jeder Amazon-Nutzer in den USA kann seine Facebook-Daten nach Aufforderung freigeben und hat dann – in der ersten Ausbaustufe – auch bei Amazon die Möglichkeit zu sehen, wann die nächsten Geburtstage anstehen – und was wohl die besten Geschenke für die eigenen Freunde und Bekannten wären.

Unter Social Shopping Gesichtspunkten ist das aber natürlich nur der Anfang. Denn es besteht eben ein qualitativer Unterschied zwischen anonymen Produktempfehlungen derart „Kunden, die dasselbe bestellt haben wie Sie, haben auch bestellt" und persönlichen Empfehlungen derart „In deinem Freundeskreis ist gerade das und das besonders angesagt."

Amazon hat wenig unversucht gelassen, um an die Beziehungsdaten seiner Nutzer zu kommen. Schon seit geraumer Zeit können diese Nutzerprofile anlegen und sich auf ihren Profilseiten über ihre Interessen untereinander vernetzen. Doch was bei Büchern, Musik und Filmen noch ganz gut funktionieren könnte, das ist für ein Vollsortiment nur ganz schwer abzubilden.

Leichter ist der Weg über die sozialen Netzwerke. Und hier zeigt Amazon, dass Facebook & Co eben auch für den Handel mehr sein können als ein simples Marketing- und PR-Instrument.

MOBILE DOESN'T MATTER

Wenn man den neuesten Repräsentativbefragungen glauben darf, z.B. der Online-Studie von ARD und ZDF, dann nutzen gerade einmal 8% der Online-Nutzer hierzulande das iPhone oder ein anderes Mobilfunkgerät zum Online-Surfen. Entsprechend kann man sich ausrechnen, wieviele dieser mobilen Surfer mit ihren Geräten online einkaufen. Nur ein Bruchteil der 8%.

Die momentane Euphorie im E-Commerce über mobile Shopping-Anwendungen, iPhone-Apps, etc. steht in keinem Verhältnis zu den auf absehbare Zeit erzielbaren Handelsumsätzen. Mobile Commerce ist in der jetzigen Phase eines dieser Phantomthemen, das, von Herstellerseite getrieben, vor allem Dienstleistern und Agenturen gute Geschäfte beschert.

In der Nutzerakzeptanz steht M-Commerce heute in etwa da, wo der E-Commerce in den Jahren 2000/2001 stand, als weder die Endgeräte verbreitet genug waren, noch die Flatrates eine so intensive Online-Nutzung ermöglichten, wie man sie fürs Online-Shopping bräuchte.

Händler also, die heute schon auf der mobilen Welle reiten wollen, verkennen entweder den Markt, oder sie wollen sich vor allem profilieren. Wobei ersteres für sich spricht, und letzteres natürlich legitim ist.

Man kann einwenden, dass die absoluten Nutzerzahlen bei neuen Themen weit weniger entscheidend sind als die Wachstumsraten. Doch wie relevant ist das mobile Thema für den E-Commerce wirklich?

„Mobile doesn't matter", lautet ein schöner Spruch, den Web-Experte Jeff Jarvis in den USA geprägt hat. Und zwar gar nicht so sehr, weil Mobile an sich keine Rolle spielt, sondern weil sich einfach nicht messen lässt, ob und wie „mobil" ein Nutzer online unterwegs ist.

Denn was heißt schon mobil? Ist es das Gerät, das den Ausschlag gibt - der Laptop, das Netbook, die Wii oder das iPhone? Oder ist es das Wifi- oder das Mobilfunk-Netz, das den Unterschied macht? Wann generiert ein Nutzer mobile, wann reguläre E-Commerce-Umsätze?

Viele hantieren derzeit mit mobilen Umsatzzahlen. Doch hat je jemand hinterfragt, wie diese zustande kommen geschweige denn, wie sie erfasst werden? Im Bestfall ist E-Commerce gleich M-Commerce – und umgekehrt.

Auf elektronischem Weg generierte Umsätze lassen sich perfekt messen und klar von den Umsätzen, die auf traditionelle Weise generiert werden, abgrenzen. Eine Unterscheidung von M-Commerce und E-Commerce hingegen ist nicht nur künstlich, sondern schlichtweg irreführend.

Was wenn ein iPad-Nutzer bei ein und demselben Händler mal über Mobilfunk und mal über Wifi bestellt? Wird man diese Umsätze dann getrennt erfassen? Vielleicht sollten wir uns damit abfinden, dass E-Commerce gleich E-Commerce ist, egal wie und wo die Online-Bestellung letztlich generiert wird.

WO SIND DIE E-COMMERCE-MACHER?

Wer soll den deutschen E-Commerce in die Zukunft führen? Headhunter suchen derzeit händeringend nach online-erfahrenen Managern - sei es, damit diese einzelne E-Commerce-Abteilungen auf Vordermann bringen oder damit diese komplett neue Geschäftsbereiche aufbauen. Gerade die Großen sind jetzt (wieder) aufgewacht und würden am liebsten mit aller Macht das wettmachen, was sie in den vergangenen Jahren versäumt haben.

Doch woher sollen sie kommen, die kompetenten, versierten und vorausschauenden E-Commerce-Manager, die in der Lage sind, den deutschen Online-Handel aktiv zu gestalten? In Deutschlands etablierten (Handels-)Häusern sind echte Könner weiterhin rar gesät, wurde dort doch bisher eher belohnt, wer E-Commerce auf Sparflamme meistern konnte - oder sich wie bei Quelle & Co. auf den Bau kunstvoller (E-Commerce-)Fassaden spezialisiert hat, die zwar viel hermachen, aber im Zweifel beim ersten Windstoß zusammenfallen.

Zwar hat Deutschland bisher weder ein Amazon, ein Asos, ein Ebay, ein LeShop, ein Vente-Privée oder ein Zappos hervorgebracht. Aber dass deutsche E-Commerce-Unternehmen international gesehen so wenig reissen, heißt ja noch nicht, dass Deutschland per se ein E-Commerce-Entwicklungsland wäre. In den vergangenen fünf bis zehn Jahren sind speziell im Marktsegment zwischen 10 Mio. und 250 Mio. Euro Dutzende von sehr respektablen E-Commerce-Playern entstanden, die zwar nicht vor Originalität oder überbordenden Ambitionen strotzen, die aber einen sehr soliden Job machen und vielleicht gerade deshalb im Online-Handel auf der Höhe der Zeit mitspielen können.

Allerdings stehen selbst diese E-Commerce-Macher dem (Personal-)Markt nicht zur Verfügung. Weil es sich in der Regel um Gründerpersönlichkeiten handelt, die lieber ihren eigenen Weg gehen als sich im Konzernumfeld aufzureiben. Oder die sich nach den Aufbaujahren zunehmend in eine Investorenrolle zurückziehen und andere ran lassen wollen.

Was dem deutschen Markt weiter komplett fehlt, sind erfahrene Manager vom Schlag einer Meg Whitman (Ex-Ebay) oder einer Susan Lyne (Gilt Groupe), die aus etablierten Jobs heraus die Geschicke neuer Online-Unternehmen übernehmen.

Wer sind die Top-Kandidaten hierzulande, die ein zukunftsfähiges E-Commerce-Unternehmen mit mehreren 100 Millionen Euro Umsatz aufbauen können?

WER WILL SCHON LEBENSMITTEL ONLINE KAUFEN?

Plötzlich ist der Online-Verkauf von Lebensmittel wieder in aller Munde. Und es fällt auf, wie wenig sich die Debatte über die Jahre weiterentwickelt hat.

Wieder und wieder werden dieselben Argumente durchgekaut – von der logistischen Herausforderung bis zu den mehr als betrüblichen Margen. Und wieder und wieder werden dann die drei bis vier Standardszenarien durchgespielt.

Die bequeme Online-Bestellung mag ja schön, und die Abholung im Laden gut sein. Aber wieso eigentlich? Das sind Ansätze, wie man sie nun schon seit Jahren diskutiert, mit den sattsam bekannten, wenigen Für und den vielen Wider.

Ohnehin könnte man hierzulande manchmal den Eindruck gewinnen, als ob die deutschen Kunden das Problem wären - und die Supermarktketten nur in aller Ruhe darauf warten müssten, bis die Kundschaft endlich reif ist für den Online-Kauf.

Das könnte allerdings noch lange dauern, denn vielleicht sind die Kunden gar nicht das Problem. Vielleicht sind es ja die Supermärkte und Lebensmittelhändler, denen einfach die Phantasie und letztlich auch der Ehrgeiz fehlt, die Kunden ernsthaft für den Online-Einkauf zu begeistern?

In der letzten Internetworld Business hat Dominique Locher von LeShop sehr eindringlich geschildert, wie mühevoll die ersten Jahre waren und wie lange LeShop in der Schweiz gebraucht hat, bis es den Trichter raus hatte. Und wie LeShop heute kein Lebensmittelshop mehr im eigentlichen Sinne ist, sondern ein bequemer Bestellservice für (die oftmals lästigen) Wocheneinkäufe.

Wohl kaum ein Online-Shop arbeitet ähnlich fokussiert wie LeShop. Mit im Kern nur 43.000 Haushalten, die diesen Service zu schätzen wissen, erzielt LeShop im überschaubaren Schweizer Markt einen Jahresumsatz von 130 Mio. SFr. Jeder Stammhaushalt bestellt im Schnitt Lebensmittel für 2.750 SFr im Jahr, Tendenz steigend.

Worüber man in der eFood-Debatte wenig hört, sind solcherlei Anwendungsszenarien. Was wären weitere geeignete Anwendungsfälle, für die es sich lohnt, Konzepte zu entwickeln, sei es, weil der Case so überzeugend ist, oder weil der Kundenkreis inzwischen groß genug ist?

Die Frage sollte im Jahr 2010 wirklich nicht mehr sein, ob sich Lebensmittel online verkaufen lassen, sondern: Wer sind die 100.000 bis 500.000 deutschen Haushalte, mit denen sich ein hochprofitabler Online-Versand für Lebensmittel aufziehen lässt?

Davon abgesehen sind auch kühne Träume erlaubt. Die Tesco-Macher zum Beispiel träumen von einer Art Kindle für Lebensmittel. Was erträumen sich deutsche Lebensmittelhändler für ihre Kunden?

DAS BUCH DER ZUKUNFT

Ist das eBook Fluch oder Segen für die Buchbranche? Die Frankfurter Buchmesse hat uns gerade wieder einmal vor Augen geführt, wie sich eine ganze Branche von einem Thema kirre machen lässt, das, wenn überhaupt, dann nur bedingte Zukunftsrelevanz für die Branche hat.

Denn ob mit oder ohne e: Buch bleibt Buch. Und mal im Ernst: Wer ist über kurz oder lang noch scharf darauf, sich 400 Seiten lange Schmöker zu Gemüte zu führen?

Das Internet verändert die Lesegewohnheiten und die Erzählmuster. Entsprechend lenkt die mit Inbrunst geführte eBook-Debatte nur vom eigentlichen Thema ab. Die Frage müsste lauten, was sind geeignete Publikationsformen – in gedruckter wie in digitaler Form, mit denen Verlage nicht nur alten Wein in neue Schläuche packen, sondern (wieder) echte Mehrwerte schaffen können?

Die Halbwertzeit von Wissen sinkt stetig. Diesem Veränderungsdruck müssen die Buchnachfolger gerecht werden, ihn im Bestfall sogar befördern. Denn letztlich ist das Internet für das Buch eine ähnliche Befreiung wie für andere Kulturgüter auch.

Wissen, Bildung und Literatur können mit den neuen Technologien schneller und ungehinderter verbreitet und konsumiert werden denn je – und zwar genau in der für den Nutzer jeweils passenden Form.

Damit ist das gedruckte Wort nicht tot. Ganz im Gegenteil. Zeitlose, kunstvoll aufbereitete und archivierbare Druckerzeugnisse werden immer ihren Markt finden. Aber es braucht darüber hinaus neue, wandelbarere Formen und Formate für die inhaltliche Aufbereitung von Text- und Bildmaterial.

Die Drucktechnologie ist heute weit fortgeschritten. Amazon fährt zweigleisig und hat sich neben dem eBook-Geschäft einen starken On-Demand Publishing Arm aufgebaut, der sich sowohl als Verlag als auch für den Sofortdruck vergriffener Buchausgaben nutzen lässt. Über 2 Mio. unterschiedliche Titel sind damit dauerhaft verfügbar.

Doch on demand geht noch weit mehr. Auf Initiative von Personalnovel fanden auf der diesjährigen Buchmesse zwei Diskussionsrunden statt, auf denen genau diesen Fragen nachgegangen wurde: Welche Möglichkeiten für neue Produkte gibt es? Und welche Vertriebsmodelle sind notwendig, um diese profitabel an den Mann/ die Frau zu bringen?

Die Buchbranche muss davon wegkommen, sich durch technisch diktierte Restriktionen leiten zu lassen, sondern hin zu menschen- und themengemäßen Publikationen. Ob man die dann noch Buch oder eBook nennt, sei dahin gestellt.

In erster Linie geht es darum, zeitgemäße Produkte zu (er)finden und dann das geeignete Vertriebsmodell dazu. So ist das Buch entstanden und der Buchhandel – und so werden auch deren Nachfolger entstehen.

JEDERZEIT DIE RICHTIGEN VERKAUFSARGUMENTE

Welcher Verkäufer wüsste nicht, dass es beim Verkaufen nicht nur auf die richtige Strategie, sondern vor allem auch auf die richtigen Verkaufsargumente ankommt? Was beim einen Kunden fruchtet, das stößt den anderen ab, und umgekehrt.

Der eine kauft seinen Flatscreen-Fernseher wegen der guten Testergebnisse, der andere wegen des guten Preis-Leistungs-verhältnisses, der dritte, weil er ein Schnäppchen machen will, und der vierte, weil der Bekanntenkreis ein ebensolches Gerät hat.

Die Kunst des guten Verkäufers ist es nun, zu wissen oder wenigstens zu erahnen, wann genau welches Verkaufsargument zieht – und auf die speziellen Bedürfnisse des jeweiligen Kunden einzugehen. So war es zumindest, als der Handel noch auf Verkäufer gesetzt hat.

Vieles an Verkaufskompetenz ist im Zuge der Standardisierungen verloren gegangen. Heute werden Produkte – ganz ohne den einfühlsamen Verkäufer - möglichst einheitlich und allgemein-gültig verkauft. Und so bleibt für den Händler – ob stationär oder im Versand – als oftmals einziges wirkliches Verkaufsargument gegenüber dem Kunden der Preis. Mit den bekannten Folgen.

Etwas, was der E-Commerce mit intelligenten Verkaufslösungen wieder ändern könnte.

Noch befindet sich der E-Commerce in seiner analogen Phase - und orientiert sich an Bekanntem: an Shop- und Katalogmodellen und den entsprechenden Präsentations- und Beschreibungsmustern – und beschränkt sich dadurch im Verkaufsprozess selbst.

Etwas, was sich in den kommenden Jahren ändern dürfte. Das nächste Amazon dürfte mehr Filter sein als Aggregator und ähnlich wie heute schon Facebook, Xing & Co. seinen Nutzern kein einheitliches Erscheinungsbild mehr präsentieren, sondern eine auf ihre persönlichen Gegebenheiten zugeschnittene, sinnvolle Auswahl an Inhalten.

Aber macht Amazon das nicht schon mit seinen persönlichen Produktempfehlungen? Nur in der Produktvorauswahl, aber nicht im Verkauf. Unterm Strich erhält jeder Nutzer immer noch dieselbe Palette an standardisierten Informationen zum Produkt. Ob er sie braucht oder nicht.

Intelligente Verkaufslösungen wissen zu unterscheiden, was relevant ist, und was weggelassen werden kann, welchen Verkaufstext es braucht: den faktenorientierten oder den emotional beschreibenden, wie lang er sein darf, welche visuellen Eindrücke nötig sind, ob es Bewegtbilder braucht und wenn ja, welche, ob der Käufer für die Stimmen anderer Nutzer empfänglich ist oder nicht.

Das sind nur einige der Herausforderungen für den Online-Verkauf der Zukunft.

DER SOZIALE KITT FÜR DEN E-COMMERCE

Was ist der soziale Kitt im E-Commerce? Im Social Web gewinnt ja bekanntlich, wem es gelingt, soziale Bindungen zu schaffen und zu stärken – und zwar nicht in erster Linie zwischen Kunde und Unternehmen, sondern vor allen Dingen zwischen den Nutzern/Kunden untereinander.

Können Produkte der soziale Kitt für derlei Bindungen sein? Wenn die letzten fünf Social Commerce Jahre etwas gezeigt haben, dann, dass sich Produkte hier äußerst schwer tun und sich nur bedingt als sozialer Schmierstoff eignen. Etwas besser funktionieren Produkte in Form von Empfehlungen und zum Teil auch in Form von Wünschen. Noch immer am besten schneiden allerdings Deals ab, Sonderangebote jeglicher Art, die sich schnell und einfach herumsprechen und für Gesprächsstoff sorgen.

Doch weil Social Shopping mit Produkten alleine mühsam ist, gibt es inzwischen erste Unternehmen, die sich von der reinen Produktebene lösen und gezielt soziale Umfelder für die Beschäftigung mit Produkten schaffen. Eines der bemerkenswertesten Beispiele ist Lockerz.

Schon der Name lässt erkennen, dass sich hier jemand eingehendere Gedanken gemacht: Denn wo im (halb-)öffentlichen Raum spielen persönliche Produkte eine Rolle, werden stolz herumgezeigt und neugierig beäugt, wenn nicht auf den Schulhöfen oder in den Fluren der US-Highschools und College, wo die persönlichen Spinde und Schließfächer als Depots dienen.

Wie Facebook spielt Lockerz stark mit Motiven und Analogien aus der Schüler- und Studentenschaft. Neben dem Zeigen und Zeigenlassen ist ein wesentlicher Anker die Sammelleidenschaft. Die Produktbilder bei Lockerz erinnern an die Sammel- und Spielkärtchen, wie sie US-Kids tauschen. Spiel und Spaß stehen im Vordergrund, die Shoppinglaune entsteht dann fast von selbst.

Lockerz ist derzeit eines der bemerkenswertesten sozialen Experimente im E-Commerce. Zunächst sorgte das Unternehmen mit den PTZ genannten Bonuspunkten für Furore, die es bei Lockerz für so ziemlich alles gibt, und die gesammelt und eingelöst werden können.

Kürzlich ist dann in der vorerst letzten Ausbaustufe das Social Network fwb;-) (kurz für: Friends with Benefits) online gegangen, die Lockerz-Variante eines sozialen Netzwerks. Damit können sich die Nutzer nun auf ihren Lockerz-Seiten gegenseitig die spannendsten Neuheiten und coolsten Produkte zeigen.

Dass hier funktioniert, womit sich andere schwer tun, liegt sicherlich auch daran, dass Lockerz im Unterschied zu früheren Social Shopping Angeboten nicht nur selber für die notwendige Abwechslung in Form ständig wechselnder Angebote und Aktionen sorgt, sondern die Produkte dann auch direkt bei Lockerz zu gewinnen oder zu erwerben sind.

ZALANDO: MARKT- ODER MARKETING-ERFOLG?

Alles spricht über Zalando, neben Groupon das E-Commerce-Phänomen 2010, und fragt sich halb bewundern, halb argwöhnend: Ist Zalando mehr Markt- oder mehr Marketingerfolg?

Die Investoren haben Zalando zuletzt mit 370 Mio. Euro bewertet. Die Traffic-Kurve hat die 300.000 täglichen Nutzer übersprungen und zeigt weiter steil nach oben. Und auch wenn über den Umsatz nichts bekannt ist, so reichen die Spekulationen von 100 Mio. Euro bis zu mehreren 100 Mio. Euro - vor Retouren, versteht sich.

Obwohl erst seit Oktober 2008 online hat sich Zalando binnen kürzester Zeit zu einem relevanten Player im deutschen E-Commerce-Markt aufgeschwungen. Ähnlich wie Diapers, das kürzlich von Amazon übernommen wurde, zeigt Zalando, was möglich ist, wenn sich jemand einen Markt ernsthaft vornimmt und genügend Geld in die Hand nehmen kann, um in Vermarktung und Abwicklung sämtliche Register zu ziehen.

Ursprünglich war Zalando als Zappos-Klon gestartet, musste seine Träume vom schnellen Exit allerdings zügig begraben, als Zappos selber im Sommer 2009 von Amazon übernommen wurde.

Danach begann aber erst das eigentlich Bemerkenswerte an der Zalando-Geschichte – der strategische Umschwung und der schnelle Wandel vom „riesigen Online-Schuh-Shop", wie er aus der Werbung bekannt ist, hin zu einem breit aufgestellten Online-Versender, der inzwischen von Schuhen über Mode und Accessoires bis hin zu Beauty und Sport so ziemlich alles im Sortiment hat.

Geschickt auch der Start der Zappos Lounge im Frühjahr 2010. Die Lounge hat Vente-Privée, BuyVIP und andere Shoppingclubs hinter sich gelassen und liefert sich inzwischen einen Wettstreit mit Limango um Platz 2 der führenden Shoppingclubs hierzulande.

Nicht zuletzt hat sich Zalando mit der Lounge auch einen weiteren Zugang zu den Marken verschafft. Denn auch wenn Zalando bei vielen immer noch als Schuhversender im Kopf ist, sehen die Investoren Zalando längst als „e-marketplace", der nun sehr schnell auch international ausgerollt werden soll. Die Vorbereitungen für den Frankreich-Start laufen auf vollen Touren. Andere Länder sollen folgen.

Um da zu stehen, wo Zalando heute steht, bräuchte ein konventionell denkender Händler fünf bis zehn Jahre, da er es gewohnt ist, von Saison zu Saison testen und zu optimieren. Zalando operiert im Webtakt und meistert sein extremes Wachstum dabei erstaunlich gut.

Noch geht bei Zalando Wachstum vor Profitabilität, aber selbst Skeptiker können sich inzwischen vorstellen, dass sich Zalando auch heute schon profitabel betreiben ließe.

FACEBOOK UND DAS SOZIALE GESICHT DES WEB

Facebook Places, Facebook Groups, Facebook Deals. Bei Facebook ging es in den letzten Monaten Schlag auf Schlag. Auf dem Web 2.0 Summit im November 2010 hat Facebook-Gründer Mark Zuckerberg erläutert, was es mit den ganzen neuen Diensten auf sich hat, er skizzierte in groben Zügen, wie er sich die Zukunft des Web vorstellt und welche Rolle Facebook dabei spielen will. Facebook soll vollends zum sozialen Rückgrat des (mobilen) Web werden und ein wesentlicher Treiber nicht zuletzt für Social Commerce Anwendungen.

So wie Farmville und die Social Games auf dem Rücken von Facebook die Gamingbranche revolutioniert haben, so will sich Facebook nun eine Branche nach der anderen vornehmen. Musikangebote, Reiseangebote, Shoppingangebote werden auf Fünfjahressicht nicht mehr so aussehen wie heute, meinte Zuckerberg. Die Verticals werden nicht mehr wo wie heute produkt- oder unternehmenszentriert konzipiert sein, sondern stattdessen – „people-oriented" – den Nutzer ins Zentrum stellen und die Anwendungen um den User (und dessen Freundes- und Bekanntenkreis) herum stricken.

Facebook sieht sich dabei in der Rolle des Infrastruktur-Anbieters, der eine (soziale) Infrastruktur bereitstellt, die bekannte und neue Player nutzen können, um darauf neuartige Anwendungen und Geschäftsmodelle zu entwickeln. Facebook Places und Facebook Deals sind Beispiele, die sich ganz klar an Händler und Dienstleister wenden. Facebook bietet die Deals nicht selber an, sondern ermöglicht Händlern, die Strukturen für eigene Angebote zu nutzen.

Vor drei Jahren hätte Facebook mit solch einem Vorstoß noch wenig Aussichten auf Erfolg gehabt, meinte Mark Zuckerberg. Wer hätte damals die Like-Buttons und andere Facebook-Komponenten ähnlich freudig auf die Seite genommen wie heute?

Inzwischen ist Facebooks Webdurchdringung mit Hunderten von Millionen von Mitgliedern allerdings so enorm, dass, wenn ein nutzerorientierter Seitenbetreiber davon ausgehen kann, dass 40% bis 60% seiner Nutzer auch auf Facebook sind, er viel eher gewillt sei, Facebook einzubinden.

Das beste Beispiel ist sicherlich Amazon, das jahrelang niemanden auf die eigenen Produktseiten gelassen hat, seit dem Sommer aber Facebooks Social Graph für Produktempfehlungen nutzt und auch intensiv mit den Like Buttons arbeitet.

Wenn es um Apps und neue Mobilanwendungen geht, dann setzen ja momentan viele darauf, dass Apple – mit seinem eher traditionellen Applikationsverständnis – die Nase vorn haben wird. Facebook wird von vielen inzwischen nur mehr als reine Vermarktungsplattform gesehen. Man kann allerdings gespannt sein, ob das, was Zynga im Gamingbereich geschafft hat, demnächst einem ähnlich agilen Unternehmen auch im E-Commerce gelingt.

DEM KUNDEN ZULIEBE AM MARKT VORBEI

Absolute Kundenorientierung ist für viele Unternehmen zum unumstößlichen Dogma geworden. Und wer wollte ernsthaft etwas dagegen einwenden? Kann denn Kundenliebe Sünde sein? - Nicht im operativen Geschäft. Da ist Kundenorientierung Pflicht. Da soll, ja, da muss sogar der Kunde König sein – und von den Mitarbeitern nach bestem Wissen und Gewissen bedient werden.

In Probleme läuft nur, wer sich um das Kundenwohl nicht nur im Tagesgeschäft kümmert, sondern auch seine Strategie vornehmlich am Kunden ausrichtet. Denn wenn man die eigenen Kunden fragt, was sie wollen, dann machen sie es einem vergleichsweise licht. Sie wollen meist vor allem eines: dasselbe wie bisher, nur ein bisschen besser (schneller, bequemer, billiger, etc.).

Und das ist das Fatale an der Kundenorientierung: Wer seine Strategie vornehmlich an den Kunden ausrichtet, der wird zwar kontinuierlich besser werden. Aber bleibt er dabei auch gut genug, um auf sich radikal wandelnden Märkten mithalten zu können? Kundenorientierte Unternehmen neigen dazu, vor lauter Kundenorientierung den Markt aus den Augen zu verlieren.

Früher war man es gewohnt, neue Märkte zu erobern, indem man hinfuhr, sich ausführlich informierte und sich dann auf die örtlichen Marktgegebenheiten einstellte. Für die neuen Online-Märkte scheint dieses Prinzip nicht mehr zu gelten. Statt sich an den neuen Marktgegebenheiten zu orientieren, neigen gerade etablierte Unternehmen dazu, einfach die eigenen Kunden mitzunehmen und in den neuen Märkten Reservate für die eigene Kundschaft einzurichten. Und sich dann zu freuen, wenn die Kunden in den Reservaten im Schnitt mehr Umsatz zu machen als sonst.

Man kann neue Entwicklungen immer unter zwei Blickwinkeln betrachten – durch die Marktbrille oder durch die Kundenbrille. Etablierte Unternehmen werden ein neues Thema eher durch die

Kundenbrille betrachten: Was bringt mir und meinen bestehenden Kunden Facebook? Wie kann ich es nutzen, um meine bestehenden Kunden noch besser zu bedienen?

Startups hingegen gehen ganz klassisch vor. Sie versuchen, erst einmal ein Gefühl für ein Thema wie Facebook zu entwickeln und sich dann im zweiten Schritt zu fragen: Welche Möglichkeiten bietet mir Facebook als Markt? Welche neuen Angebote und Services kann ich für die Nutzer (und potenziellen Kunden) dort entwickeln und vorantreiben?

Zwei grundsätzlich unterschiedliche Herangehensweisen, zwei grundsätzlich unterschiedliche Strategien. Während die einen neue Märkte erschließen, bedienen die anderen nur weiter ihre Kunden optimal.

DAS INTERNET ALS SOZIALE INNOVATION

Das Internet (und damit auch der E-Commerce) diskriminiert Frauen. Egal, welche Untersuchung man heranzieht, ob die Online-Studie von ARD und ZDF oder die ACTA-Analyse des Allensbach Instituts, im Kern kommen alle Repräsentativbefragungen zum selben, für die Branche ernüchternden Ergebnis: Die Online-Affinität von Frauen ist zwar ähnlich hoch wie bei Männern, Frauen haben aber noch kaum Möglichkeiten, diese auch entsprechend auszuleben.

Das fängt bei den Geräten an. Frauen können sich für die heutigen Geräte nicht annähernd so begeistern wie Männer. Selbst ein iPad, das Männer wohl wegen seiner Streichelfunktionen eher als weiblich einstufen würden, hat bei Frauen einen weitaus schwereren Stand als bei Männern. Von Smartphones generell ganz zu schweigen. Mal abgesehen davon, dass laut ACTA nur 4% der Frauen überhaupt ein Smartphone nutzen (Männer: 11%), finden sie es auch wenig begehrenswert: Nur 5% planen sich demnächst eines zuzulegen. Bei den Männern sind es 12%.

Am meisten scheiden sich die Geschlechter jedoch bei den mobilen Apps. Den Studien zufolge scheinen Frauen Apps regelrecht zu hassen, während Männer Feuer und Flamme sind. Ein paar Zahlen zur Einordnung: Die Frauen-Affinität zu Apps liegt bei einem Indexwert von 66, und damit noch weit unter der Affinität zu PC- und Konsolenspielen (80). Der Schnitt liegt bei 100. Vielleicht liegt es ja nur daran, dass es noch zu wenige gute Apps für Frauen gibt? Das kann sein. Aber vielleicht liegt es ja auch am Prinzip?

Denn natürlich könnte man den Standpunkt vertreten, dass Frauen bei derlei Innovationsthemen immer hinterherhinken. Dagegen spricht aber die eingangs erwähnte, hohe Online-Affinität der Frauen. Hierin stehen sie den Männern kaum nach. Und es gibt ein weiteres Online-Thema, bei dem Frauen den Männern nicht nur

Paroli bieten können, sondern zunehmend die führende Rolle übernehmen. Und das ist das Thema Social Networks und Communities.

Sobald es also um den sozialen Austausch geht und das Internet nicht mehr als technische sondern als soziale Innovation wahrgenommen wird, liegen die Frauen mindestens gleichauf, wenn nicht sogar vorne. Und spätestens dies sollte uns zu denken geben. Denn wir wissen, dass Frauen die Treiber für den Handel sind. Sie kaufen mehr und häufiger, sie treffen die Kaufentscheidungen oder beeinflussen sie zumindest maßgeblich.

Für den Online-Handel, der Frauen begeistern will, heißt das also, endlich aufzuhören, sich an jede technische Neuerung anzuhängen, mit denen Frauen ohnehin wenig anfangen können, sondern stattdessen ein Gefühl für die sozialen Neuerungen zu entwickeln.

Wir müssen uns nicht nur fragen, mit welchen Shoppingkonzepten wir Frauen ansprechen, sondern letztlich auch, wie die Geräte dafür aussehen müssen. Was den Männern ein Touch-Pad ist, könnte für Frauen ja ein ‚Human Touch'-Pad sein.

ÜBER DEN AUTOR

Jochen Krisch, Jahrgang 1967, ist einer der bekanntesten und profiliertesten Experten für neuen E-Commerce.

Er ist Herausgeber des Branchendienstes Exciting Commerce, Veranstalter der Live Shopping Days und gemeinsam mit Sascha R. Rowold Inhaber der Exciting Future GmbH für E-Commerce.

Jochen Krisch befasst sich seit 1995 mit neuen Verkaufskonzepten für den elektronischen Handel. Nach dem Studium der Informatik war er von 1995 bis 2003 für den Shoppingsender HSE24 tätig und hat dort u.a. die Fachbereiche Planung & Analyse aufgebaut und geleitet.

Seit 2005 betreibt er das Branchenblog Exciting Commerce, seit 2009 schreibt er zweiwöchentlich eine Kolumne zum Thema „E-Commerce für Fortgeschrittene" für die Fachzeitschrift Internetworld Business.

2008 ist von ihm das Trenddossier „Social Commerce - Verkaufen im Community-Zeitalter" beim Zukunftsinstitut erschienen. 2010 hat er zusammen mit Stephan Meixner den ersten Video Shopping Guide herausgebracht.

Jochen Krisch ist ein gefragter Referent auf Fachkongressen und hält regelmäßig Vorlesungen und Seminare an Hochschulen und Universitäten.

Weitere Informationen unter www.excitingcommerce.de, unter www.excitingfuture.de oder bei Twitter @jkrisch